2016（平成28）年4月に発生した「熊本地震」災害派遣で行方不明者を捜索する陸上自衛隊（南阿蘇村火の鳥温泉）。

自衛官が語る 災害派遣の記録

被災者に寄り添う支援

桜林美佐［監修］
自衛隊家族会［編］

並木書房

1951（昭和26）年10月のルース台風で、警察予備隊は山口県内で発足後初とされる災害派遣を行なった。

1958（昭和33）年３月、浜松基地に臨時救難航空隊が編成され、災害派遣として急患空輸や捜索・救助活動が行なわれた。写真はH-19救難ヘリ。

1972（昭和47）年11月、第101飛行隊が那覇駐屯地で編成され、12月に粟国島から初の緊急患者を空輸した。写真は第101飛行隊創設期の編隊飛行。

1985（昭和60）年８月12日に発生した「日航機墜落事故」は、急峻な斜面で過酷な救助活動が行なわれ、山頂に小さなヘリポートが急造された。

米軍が実施していた沖縄の不発弾処理は、第１混成団の編成にともない自衛隊の業務となり、1974（昭和49）年６月５日、特別不発弾処理隊が編成された。

1995（平成7）年１月17日に発生した「阪神・淡路大震災」は、その後の自衛隊の初動対応や全国規模で対応する態勢など、大きな変革をもたらす転換点となった。写真は最初に神戸市に入った第３特科連隊。

1995（昭和7）年３月20日に発生した「地下鉄サリン事件」は未曽有の化学兵器テロ災害であり、自衛隊の化学科部隊の存在や活動が脚光を浴びた。

2011（平成23）年３月31日に発生した「東日本大震災」は、津波被害などにより甚大な被害が発生した。陸・海・空自衛隊は災害派遣で初の統合任務部隊（JTF）を編成し、約10万人の態勢で対応にあたった。写真はヘリコプターによる被災者救助（宮城県亘理町）。

2011年3月11日、福島原発事故により初めての原子力災害派遣が行なわれ、原発への空中・地上放水、行方不明者捜索などが実施された。防護服を着て行方不明者を捜索する自衛隊員（福島県浪江町）。

「東日本大震災」災害派遣では海上自衛隊による行方不明者捜索と掃海・輸送ヘリコプターによる物資輸送が行なわれた。

C1輸送機から救援物資を卸下する航空自衛官。

避難所では航空自衛官による医療支援が行なわれ、被災住民の健康を守った。

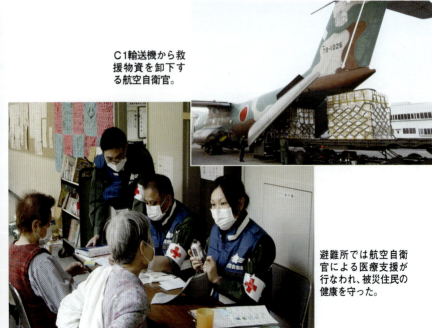

2014（平成26）年９月27日に発生した「御嶽山噴火」で、第12旅団を基幹として、再噴火の危険があるなか、地上救出部隊および空中救出部隊をもって捜索救助活動を行なった。要救助者をヘリコプターに搬送する隊員。

2015（平成27）年９月に発生した「関東・東北豪雨」により茨城県常総市が冠水したため、避難支援、行方不明者の捜索、給水・入浴支援が実施された。

2018（平成30）年７月に発生した「西日本豪雨」では８県に災害派遣を行ない、陸・海・空自衛隊約3.3万人態勢で対応にあたった。写真は行方不明者の捜索を行なう海上自衛官。

2018（平成30）年９月６日に発生した「北海道胆振東部地震」では、陸・海・空自衛隊約2.5万人態勢で救援活動を行なった。被災者に笑顔で飲料水を手渡す女性自衛官。

監修者のことば

桜林美佐（防衛問題研究家）

自衛隊の災害派遣について、これに従事した自衛官の手記をここまで集めた本はなかったのではないでしょうか。手記は公益社団法人自衛隊家族会が発行する防衛情報紙『おやばと』に連載された回想録で、脚色も誇張もないリアルな事実です。記録としての価値も高く、ここに語られている経験や教訓は自衛隊関係者のみならず、政府や地方自治体の方々にも必ず役立つはずです。

私はラジオ局でニュースデスクの仕事をしていましたが、何らかの災害が起きるたびに、いつも判で押したような原稿を放送していました。

「警察、消防、自衛隊による行方不明者の捜索が行なわれています」

たった1行の文言ですが、警察などとの連携はそんなに簡単にできるわけではありませんし、また、捜索作業は徹夜なのか、現場の天候はどうなのか、などはニュースでは伝えきれず、当たり前のように受け止められてしまうのではないかという危惧を抱いていました。

近年は、新聞・テレビ・ラジオだけでなく、SNSなどで情報環境が格段に広がっていて、私たちはすべてを知っているような気分になっていますが、実際はそのソースに偏《かたよ》りがあることに気づきにくくなっています。発信できる人は一部で、現場で活動した人が自ら語る機会はあまりなく、その視点での事実が伝わりにくいからです。

そのため、一人でも多くの方に少しでも現場の実情を知ってもらうため、過去50年近くまでさかのぼり、主要な災害派遣を、当時の関係者「本人」が綴っているのが本書の最大の特色です。

自衛隊の災害派遣は、ほかにも多くの実績があります。なかには、これって自衛隊が出動すべきなのか?と思うものもあります。そうした昨今の自治体の災害派遣要請のあり方については検証されるべきだと思いますが、すでに事例があるために今さらやめられないケースも多数あるものと想像します。

収録の手記は現役、あるいは退官された自衛官によるものであり、このような問題には触れられていませんので、そのあたりについては巻末の『「あとがき」にかえて』で述べたいと思います。

手記を読み進めていくと、年次を追うにしたがい、世の中の自衛隊に対する感情がどのように変化してきているか、実感していただけると思います。

1995（平成7）年1月17日に発生した「阪神・淡路大震災」当時、中部方面総監部幕僚副長だった野中光男さんによれば、「神戸の街に戦闘服は似合わない」と言われたといいます。

その頃は地域ごとの特性はあるとはいえ、人々を助けるのは当然のことと、被災地に飛び出した隊員たちを待ち受けていたのは、震災の被害だけでなく、心ない冷たい言葉でもあったわけです。

一方で自治体側からの要請は次々にくる。市民からの膨大な要望を無碍《むげ》に断れないため、それがそのまま自衛隊に回ってくるわけです。それで最善を尽くそうとすると、今度は当時の厚生省から風呂の設置は「公衆衛生法に反する」と横やりが入る。

今でこそ、被災地での自衛隊による給食や入浴支援、トイレの設置などが当たり前のようになっていますが、現在のようになるまでにはどんなに苦労してきたことか、と思います。

また、当時の中部方面総監・松島悠佐さんは、「防災訓練を含め市の行事に自衛隊は参加させないという神戸市の態度は、結構かたくなだった」と、実情を吐露しています。

震災前までは海上自衛隊の艦艇も神戸港への入港は許されず、音楽隊も神戸では演奏会も催したことがなかったといいます。それら反対派の共通するキーワードはやはり「自衛隊は憲法違反だ」というものだったことを考えると、この頃の空気を吸ったかどうかは、自衛隊関係者における「改憲」へのインセンティブに大きく影響しているのではないかと感じます。

神戸市長田区で焼け跡を捜索する隊員（「阪神・淡路大震災」災害派遣）

松島さんの述懐で心打たれたのは、まさに「総力戦」であたった自衛隊のどのような部隊がいかなる支援を行なったのか、詳細に記されているところです。

私たちはひと括りに「自衛隊の災害派遣」と言っていますが、そこにはさまざまな仕事をしている隊員が存在していることまで、なかなかイメージしきれません。

とくに医療や輸送、通信、補給、調達、会計、あるいは警備など、欠くべからざる分野であるが、その働きぶりが表に出にくい人たちへの感謝の気持ちと温かい眼差しが文面から見てとれます。

阪神・淡路大震災と同じ年に「地下鉄サリン事件」も発生しました。当時、私は埼玉のテレビ局で情報番組に出ていましたが、都心の地下鉄駅に部隊が出動しているのを見て、自衛隊は何でもできるんだ！と思ったことを記憶しています。

しかし、自衛隊に化学科職種があるとはいえ、当時、第32普通科連隊長だった福山隆さんや陸上自衛隊化学学校の技術教官だった中村勝美さんの回想を読むと、まさに取るものも取りあえずの状態で、にわか編成された部隊だったことがわかります。

大宮駐屯地から駆けつけた中村さんは、築地駅で地下鉄の車内やホームでの除染作業を終えた時、駅員に非常に重い問いを投げかけられます。それは、「駅は明日から使用できるのか」というものです。

多くの犠牲者を出した惨劇の現場は、夜が明ければまた、昨日までと変わらない都心の日常生活に戻ることが求められている。誰がその決断をするのか、気づけばその場にいたあらゆる人が、中村さんの判断に委ねていたのです。そのため、中村さんはもう一度、無人の地下鉄ホームに戻り、自らの防護マスクを外し安全を確認するという、大胆な行動に出たのです。

かくして、翌朝からいつもの通勤ラッシュの光景が戻りました。中村さんはその後、上司から「蛮《ばん》勇《ゆう》をふるうな」とたしなめられたことや、また、任務を終えて市ヶ谷駐屯地に戻ると多くの仲間が帰隊を待っていて出迎えてくれたと振り返っていますが、いずれも「自衛隊のいいところ」がわかるようなエピソードではないでしょうか。

そしてやはり、最も紙幅《しふく》を占めているのは２０１１（平成23）年3月11日に発生した東日本大震災の回想です。当時の海上自衛隊掃海隊群司令で災害派遣では第４海災部隊指揮官を務めた福本出さんは、一人の若者が活動を通じて自衛官として、また人として成長していく姿と、周囲の先輩たちの犠牲を厭《いと》わない活動ぶりを綴っています。ベテランダイバーから後輩に向けられた言葉には涙を禁じ得ませんでした。

また、同じ頃、原発事故対処現地調整所長としてJヴィレッジにいた当時の中央即応集団副司令官の田浦正人さんは、原子炉への放水活動の現場を振り返り、各隊員に「使命感」という共通の見えない力が働いていたと言っています。

「共通の」と強調した背景には、ここに集められたのはいわば「寄せ集め」の隊員たちだったということがあるでしょう。陸・海・空自衛隊の消防車が、その乗員とともに集められたという言い方がふさわしかったのです。

部隊単位で訓練を積み重ねていく自衛隊で、初対面の臨時編成された要員をもって、作戦を実施するなどということは、到底想定していなかったことでした。3人の要員のうち1人を残して、「誰が行くのか」については、現場で葛藤《かっとう》があったといいます。皆が「自分が行く」と申し出たからでした。

そんなやりとりを前に、連日彼らの「出撃」を見送り、帰りを待ち続けた田浦さんの心情を思う

被災から1週間。黙祷する隊員（「東日本大震災」災害派遣）

と、胸が絞めつけられます。

このミッションがどれほど困難なものであったかは、本編をお読みいただきたいと思いますが、この過酷な環境下において不満ひとつ出なかったことに崇高さを感じます。

また、最近は多くの自治体に退職自衛官が危機管理担当として入っています。元陸将補で、（前）宮城県危機対策企画専門監の小松宏行さんは、災害派遣に関わるあらゆる調整で、行政のいわゆる「縦割り」の壁を目の当たりにしたといいます。

被災者生活支援、公共インフラ復旧など、どれをとっても担当・所管する役所や部局が異なるのです。緊急時に平時と同じやり方をしていては、とても被災して困っている人々を助けることはできないでしょう。

自衛隊にも堅物《かたぶつ》で、融通が利かない人もいますが、最後は「誰かのために」最大限の力を発揮するという目標に一致団結できる組織であるような気がします。

そんな時のある種の柔軟性といいますか、ご遺体を収容した後に焼香して敬礼で弔意《ちょうい》を表するなどは、ほかの機関にはない発意《はつい》だったようです。

こうしたなか、当時、第9師団長だった林一也さんは、災害派遣活動に従事した3人の隊員が病気で亡くなったことに言及し、緊急時ということもあり彼らに無理を強いていたのではないかと述懐しています。

自分よりも他者のこと、という思考もまた「自衛隊のすごさ」と言えますが、このように派遣活動中やその後に亡くなった隊員がいたことは、あまり知られていません。なおざりになりがちな「隊員の健康」という問題について触れていることは、今後のためにも意義深いと思います。

2014（平成26）年9月27日の御嶽山《おんたけさん》の噴火では、テレビに映し出されたヘリによる人命救助の様子が思い出されます。当時、私の周囲の報道関係者たちが「なぜ、もっと早く自衛隊が助けに行かないんだ」と言っていたことに辛い気持ちになったことを覚えています。

高高度の山頂付近でヘリコプターが飛行する危険性を、私なりに知っている限りの知識で説明し、「そうなんだ……」と納得してもらいましたが、多くの報道人までもが自衛隊をスーパーマンのよう

過酷な条件下、要救助者を搬送する隊員（「御嶽山噴火」災害派遣）

に捉えている現実を目の当りにすると、恐ろしさも感じます。

その現場での活動は想像以上に過酷でした。当時の第13普通科連隊長だった後藤孝さんは振り返っています。

上空からの救助にあたった第12ヘリコプター隊は23人を救出しましたが、山頂は空気が薄いだけでなく、火山灰を吸いこんでエンジンが停止する恐れがつねにあったと述べています。一方、再び噴火する危険性もあるなかで、徒歩で救助に向かった隊員たちは重装備での過酷な登山を強いられました。私もこの映像を見ましたが、火山性ガスを検知した警報音がひんぱんに鳴っており、見ているだけでとても不安な気持ちになりました。

２０１６（平成28）年4月14日以降に発生した熊本地震では当時、第8師団長だった岸川公彦さんの手記に災害発生直後の熊本での様子が臨場感をもって綴られています。また、当時、第24普通科連隊長の稲田裕一さんは、即応予備自衛官の招集を実施した様子を振り返っています。

他県から「九州に足を踏み入れた」という部隊もたくさん駆けつけていたので、地元出身の予備自衛官が道案内をしたり、被災者には熊本弁で語りかけたということも安心感につながったようです。

ほかにも、予備自衛官の皆さんが、さまざまな資格やそれぞれ現在の仕事を最大限に活かし、活動をしたということはうれしい報告です。ここにもぜひご注目いただきたいと思います。

2013(平成25)年10月16日、台風26号による記録的大雨で発生した伊豆大島の土砂災害で、統合任務部隊「椿」指揮官を務めた当時の東部方面総監の磯部晃一さんが紹介する隊員たちの言葉、それら一つひとつが強く心に響きます。福島県から第44普通科連隊も派遣されおり、「東日本大震災の恩返しに来ました!」と言ってくれたというのです。指揮官の皆さんもそうした言葉に大いに励まされたことと想像します。

すべての手記を通して感じるのは、自衛官たちが「真心」を尽くしているということです。それだけに、その誠意に応えるとともに、もっと高く評価しなくてはなりませんし、東日本大震災当時、第1輸送ヘリコプター群第104飛行隊長だった加藤憲司さんが触れているように、隊員たちが後顧《こうこ》の憂いなく任務に専念できるように留守家族の支援を手厚くし、強化することは不可欠だとつくづく思

本書掲載の災害派遣一覧

1951（昭和26）年10月20〜26日　自衛隊初の災害派遣（ルース台風）
1958（昭和33）3月〜　航空救難団創設
1972（昭和47）年12月〜　沖縄での緊急患者空輸開始
1974（昭和49）年6月5日〜　沖縄に不発弾処理部隊編成
1985（昭和60）年8月12日〜10月13日「日航機墜落事故」災害派遣
1995（平成7）年1月17日〜4月27日「阪神・淡路大震災」災害派遣
1995（平成7）年3月20日「地下鉄サリン事件」災害派遣
2000（平成12）年3月29日〜7月24日「有珠山噴火」災害派遣
2011（平成23）年3月11日〜8月31日「東日本大震災」災害派遣
2011（平成23）年3月14日〜12月26日「福島第一原発事故」災害派遣
2013（平成25）年6月21日「エオラス号」乗員救難
2013（平成25）年10月16日〜11月8日「伊豆大島土砂災害」派遣
2014（平成26）年8月20日〜9月11日「広島豪雨」災害派遣
2014（平成26）年9月27日〜10月16日「御嶽山噴火」災害派遣
2015（平成27）年7月3日〜7月31日「御嶽山噴火」行方不明者捜索再開
2015（平成27）年9月10〜19日「関東・東北豪雨」災害派遣
2016（平成28）年4月14日〜5月30日「熊本地震」災害派遣
2018（平成30）7月「西日本豪雨」災害派遣
2018（平成30）9月6日「北海道胆振東部地震」災害派遣

います。

自衛隊の出動は「ゼロ」になることが望ましいことですが、毎年、日本のどこかで何らかの災害が発生し被害が出ていることを考えれば、私たちは自衛隊の災害派遣が身近になっていると言わざるを得ません。

本書を通して、多くの読者に自衛隊の活動への理解促進と、防災の一助にしていただければ幸いです。

目次

監修者のことば　桜林美佐（防衛問題研究家）　1

序　災害派遣は国民の信頼と期待の源　18

沖縄の緊急患者空輸任務40年
波濤を越えて　第15ヘリコプター隊第1飛行隊長（当時）川嶋和之　23

沖縄の不発弾処理隊創設42年の軌跡
いつの日か不発弾がなくなるまで　第101不発弾処理隊長（当時）渡邊克彦　28

「御巣鷹山日航機墜落事故」派遣
悲しみのバレーボール球　第12施設大隊本部第3係主任（当時）市川菊代　34

「阪神・淡路大震災」災害派遣（1）
自衛隊に対する印象が変わった　中部方面総監部幕僚副長（当時）野中光男　39

「阪神・淡路大震災」災害派遣（2）
派遣要請を待たずに呉を出港　呉地方総監（当時）加藤武彦　46
「阪神・淡路大震災」災害派遣（3）
災害派遣出動の蹉跌と教訓　中部方面総監（当時）松島悠佐　51
「地下鉄サリン事件」災害派遣（1）
待ったなしの除染作戦　第32普通科連隊長（当時）福山　隆　61
「地下鉄サリン事件」災害派遣（2）
命懸けの除染活動に従事して　化学学校技術教官（当時）中村勝美　67
「有珠山噴火」災害派遣
万全な態勢で「犠牲者ゼロ」を達成　北部方面総監部幕僚副長（当時）宗像久男　72
「東日本大震災」災害派遣（1）
自衛隊の組織力を遺憾なく発揮　東北方面総監部防衛部長（当時）冨井　稔　79
「東日本大震災」災害派遣（2）
郷土部隊としての矜持を堅持し活動　第6師団長（当時）久納雄二　85

「東日本大震災」災害派遣（3）
「Jヴィレッジへ前進し、現場の指揮を執れ！」　福島原発対処現地調整所長（当時）田浦正人　91

「東日本大震災」災害派遣（4）
迅速に物資を被災地に送り込む　中部航空方面隊司令官（当時）渡邊至之　97

「東日本大震災」災害派遣（5）
東日本大震災に見た隊員の強さと優しさ　第4海災部隊指揮官・掃海隊群司令（当時）福本出　103

「東日本大震災」災害派遣（6）
自衛隊頼みの初期対応　宮城県危機対策企画専門監（当時）小松宏行　109

「東日本大震災」災害派遣（7）
東日本大震災の医療支援活動　自衛隊仙台病院長（当時）森﨑善久　114

「東日本大震災」災害派遣（8）
胸を張って語れる活動を実施しよう　第9師団長（当時）林一也　120

「東日本大震災」災害派遣（9）
師団長の果断な決断　第4師団第3部長（当時）橋爪良友　127

「東日本大震災」災害派遣(10)
被災・復旧そして完全復興へ　第4航空団基地業務群司令(当時)時藤和夫　133
「東日本大震災」災害派遣(11)
万全の備えで福島原発へ空中放水　第1輸送ヘリコプター群第104飛行隊長(当時)加藤憲司　139
「東日本大震災」災害派遣(12)
福島第一原発へ冷却水運搬　横須賀港務隊大型曳船船長(当時)厚ケ瀬義人　145
遭難ヨット「エオラス」号乗員の洋上救難
白く砕ける波濤を越えた緊迫の人命救助　第71航空隊飛行隊員(当時)中畑昌之　151
「伊豆大島土砂災害」派遣
二正面作戦の相乗効果　東部方面総監(当時)磯部晃一　157
「広島豪雨」災害派遣
行政にとって自衛隊は「最後の砦」　第13旅団司令部幕僚長(当時)山本雅治　164
「御嶽山噴火」に伴う災害派遣
厳しい状況下での捜索救助任務　第13普通科連隊長(当時)後藤孝　169

「関東・東北豪雨」災害派遣
関係機関と緊密な連携のもとに任務遂行　第4施設群長（当時）武隈康一　175

「熊本地震」災害派遣（1）
自衛隊と自衛官時代の教育に感謝　熊本県危機管理防災企画監　有浦　隆　183

「熊本地震」災害派遣（2）
災害派遣で自衛隊の果たす役割　第8師団長（当時）岸川公彦　190

「熊本地震」災害派遣（3）
プッシュ型からプル型支援へ　西部方面総監（当時）小川清史　195

「熊本地震」災害派遣（4）
過去の震災派遣で学んだ教訓を活かす　第4師団長（当時）赤松雅文　200

「熊本地震」災害派遣（5）
即応予備自衛官の活動を指揮して　第24普通科連隊長（当時）稲田裕一　205

「熊本地震」災害派遣（6）
24時間連続で病院へ給水　第5航空団基地業務群司令（当時）和田竜一　211

航空救難団の災害派遣
人命救助にすべてを捧げる　航空救難団松島救難隊救難員 熊坂弘樹　217
「西日本豪雨」災害派遣（1）
被災者に寄り添う支援　第13旅団長（当時）鈴木直栄　223
「西日本豪雨」災害派遣（2）
段階的に変化する自衛隊の役割　中部方面総監 岸川公彦　229
「西日本豪雨」災害派遣（3）
海自艦艇の機動力を活かして　呉地方総監（当時）池 太郎　235
「北海道胆振東部地震」災害派遣
師団全隊員を誇りに思う日々　第7師団長 前田忠男　241
執筆者略歴（掲載順）　248
「あとがき」にかえて
なぜ自衛隊はがんばれるのか　桜林美佐　255

序　災害派遣は国民の信頼と期待の源

2018（平成30）年3月、一般社団法人中央調査社が定期的に実施している「国会議員、官僚、裁判官、マスコミ、銀行、大企業、医療機関、警察、自衛隊、教師」の信頼感に関する意識調査の結果が発表されました。

その結果、平均評価点が最も高かったのは「自衛隊」、次いで「医療機関」でした。「自衛隊」に対する評価は、2012（平成24）年5月の第7回調査で大きく上昇し、以来高い評価点を維持しています。これは、2011年の東日本大震災における自衛隊の「災害派遣」が大きく影響し、その後もたびたび発生する大きな自然災害に自衛隊が出動しているからとみられます。

また、内閣府が2018年3月に発表した「自衛隊・防衛問題に関する世論調査」で、自衛隊に好印象を持つ回答が89・8パーセントと高いポイントを示しています。

「自衛隊にどのような役割を期待しますか？」との問いには、「災害派遣（災害の時の救援活動や緊急の患者輸送など）」が79・2パーセントと最も高く、国の安全確保（周辺海空域における安全確保や島嶼部に対する攻撃への対応など）が60・9パーセントで続いています（複数回答）。

「自衛隊が今までに実施してきた災害派遣活動について、どのような活動を知っていますか？」の問いには、「被災者の救難・捜索などの人命救助活動」が94・9パーセント、そして「被災者への給食・給水・入浴などの生活支援活動」が89・6パーセント、「水・医薬品・おむつなどの緊急物資の輸送」が78・5パーセント、「被災者への医療支援活動」が74・8パーセントとなっています（複数回答）。

自衛隊に対する国民の理解や認識が適正かどうかはともかくも、このように、国民の多くが自衛隊の「災害派遣」に対して信頼を寄せていることがわかります。

自衛隊の行動は「自衛隊法」に定められており、災害における行動は、第83条に「災害派遣」「地震防災派遣」「原子力災害派遣」の3種類に区分されています。

そして、「都道府県知事その他政令で定める者は、天災地変その他災害に際して、人命又は財産の保護のため必要があると認める場合には、部隊等の派遣を防衛大臣またはその指定する者に要請することができる」「防衛大臣またはその指定する者は、前項の要請があり、事態やむを得ないと認める場合には、部隊等を救援のため派遣することができる。ただし、天災地変その他の災害に際し、その事態に照らし特に緊急を要し、前項の要請を待ついとまがないと認められるときは、同項の要請を待たないで、部隊等を派遣することができる」と定められています。

自衛隊は、この規定に基づき、地方公共団体などと連携・協力し、国内のどの地域においても、捜索・救助、水防、医療、防疫、給水、人員や物資の輸送などさまざまな活動を行ない、また、自然災害のほか、航空機や船舶の事故などの救援、医療施設に恵まれない離島などでは救急患者の輸送などにもあたっています。

なお自衛隊の災害派遣は、「緊急性」（状況から見て差し迫った必要性があること）、「公共性」（公共の秩序を維持するという観点において妥当性があること）、「非代替性」（自衛隊の部隊等を派遣する以外にほかに適切な手段がないこと）の「三原則」を総合的に勘案して派遣の可否を判断することになっています。

そのほか、「大規模災害等への対応」は、近年策定されたいずれの「防衛計画の大綱」においても「防衛力の役割」の一つとして重視されています。

2018（平成30）年に創設64周年を迎えた防衛省・自衛隊の歴史は、災害や緊急事態に日夜備え続け、緊急事態が発生した際に速やかに国民の生命・財産を救い、生活を守り続けてきた歴史である

自衛隊の災害派遣実績（昭和26年～平成29年）

年度	件数	年度	件数
昭和26～58年	16,769	平成13	845
昭和59	579	14	868
60	620	15	811
61	624	16	884
62	636	17	892
63	669	18	812
平成 元	733	19	679
2	664	20	606
3	747	21	559
4	751	22	529
5	795	23	586
6	830	24	520
7	775	25	555
8	898	26	521
9	857	27	541
10	863	28	515
11	815	29	501
12	878	計	40,727件

（出典：防衛白書・防衛ハンドブック等）

と言えます。

しかしながら、国民の多くから賞賛されている自衛隊の「災害派遣」は、必ずしも当初から順調に実施できたものではありませんでした。そこには自衛隊の活動を制約する多くの問題点や限界に直面し、それらを克服してきた先人たちの努力と苦労が礎《いしずえ》として存在しています。

自衛隊初めての「災害派遣」は、1951（昭和26）年10月20日から26日、吉田茂首相が当時の警察予備隊に命じ、ルース台風で被害を受けた山口県玖珂《くが》郡広瀬町（現在の岩国市）で実施されました。以来、最近では「北海道胆振《いぶり》東部地震（201

8年9月6日）」まで、自衛隊は数多くの「災害派遣」を実施し、近年は、その活動内容が広範多岐にわたっています。

そのなかで自衛隊の運用に関する多くの教訓が得られるとともに、災害派遣要請のあり方や法制の不備、ならびに災害派遣現場での自衛官の権限などについてもさまざまな問題点が明らかになりました。

その結果、「阪神・淡路大震災」後に「災害対策基本法」や「自衛隊法」が改正され、自衛隊への派遣要請に関する市町村の権限、「災害派遣」に従事する自衛官の権限など、「阪神・淡路大震災」での教訓を踏まえた改善が図られてきました。

さて、本書はこれまでのわが国の災害で犠牲になられた多くの方々へ鎮魂の意を表するとともに、陸海空自衛隊が実施したさまざまな「災害派遣」の歴史を振り返り、活動の実態を明らかにすることを目的とし、実際にそれぞれの活動に参加した指揮官・幕僚・隊員の筆による手記を通して、当時の苦労やエピソードなどを紹介させていただくものです。

関係者には当時を思い出し、その意義を再認識していただくとともに、広く読者には自衛隊の「災害派遣」と、自衛隊員の「使命感」の意味や深さにさらなる理解を深めていただければ幸いです。

沖縄の緊急患者空輸任務40年

波濤を越えて

第15ヘリコプター隊第1飛行隊長（当時）
特別輸送ヘリコプター隊副隊長 2等陸佐 川嶋和之

未明、携帯電話が枕元で振動する。とっさに応答すると、「機長○○です。○○島より要請あり。○歳男性、病名○○、天候問題なし。○○：○○離陸で準備します」との第一声に、操縦士、整備員の状況を確認し「了解。よろしく。気をつけて」と指示・命令を伝えます。

出勤の準備をしつつ旅団長、隊長に急患空輸準備の旨を報告すると、深夜においても即座に「了解！よろしく！」との返答。

離島を抱える沖縄県の急患空輸の使命を旅団一体で受け止め、態勢維持を実感する時でもあります。

すべては住民の幸不幸に結びつく

わが隊の急患空輸の歴史は、第15ヘリコプター隊（以下、15ヘリ隊）の前身である第101飛行隊から始まりました。

1972（昭和47）年3月、北熊本駐屯地において、臨時第1混成群隷下に編成された臨時第101飛行隊は、同年5月、沖縄県返還を待ち11月に沖縄県へ移動完了後、米空軍の急患空輸任務を引き継ぎ、12月に粟国島《あぐにじま》からの生後19日の乳児空輸でその第1歩を踏み出しました。

当時、沖縄では反自衛隊感情が激しく、その影響が隊員家族まで及び、離島空輸のための事前訓練や偵察まで反対される状況でした。しかし先輩方は「米軍より低い評価を受けてはならない」という高い意識で黙々と任務遂行を積み重ねました。

国防への信念、県民生活安定への強い意志で行動を続けることが、いかに辛く苦しいものであったかと思いをはせるとさまざまな感情が湧き上がってきます。

その後、第1混成団第101飛行隊、第15旅団第15飛行隊から15ヘリ隊へと改編され、1年365日、24時間1秒たりとも隙のない即応態勢をとりつつ、運航可能であれば暗夜、天候不良を克服して島民の命綱として任務に赴きました。

現在では、15ヘリ隊隷下の2個飛行隊のいずれかの飛行隊長を空輸隊長に指定し、その指揮下に固定翼機および回転翼機2機を待機させています。

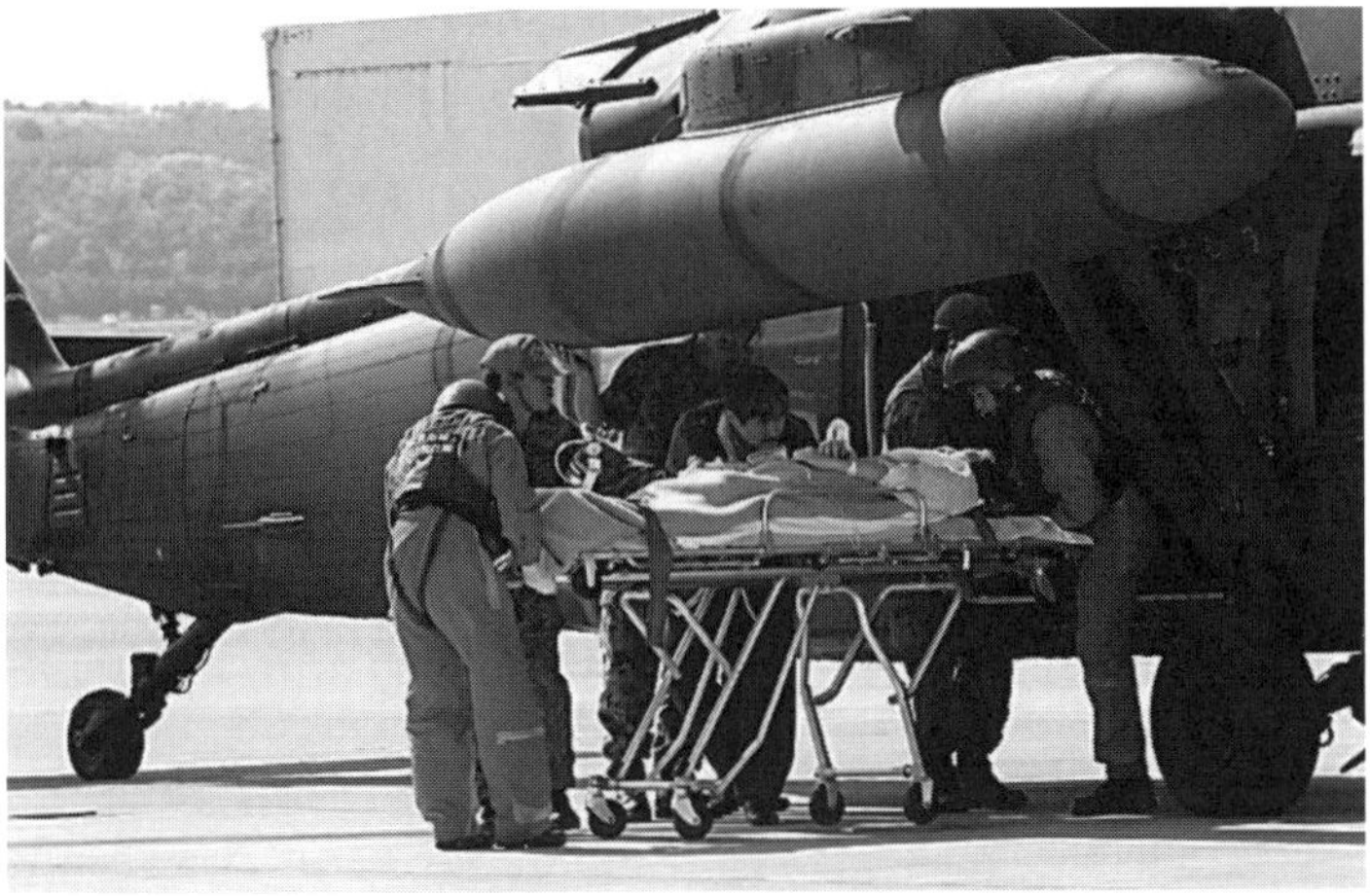

UH-60JAによる離島からの緊急患者空輸

空輸隊長が定番の私も操縦士としての待機もあり、初めての出動は初経路・飛行場である南大東島《みなみだいとうじま》でした。

離陸前の打ち合わせ後、那覇空港から海上を約1時間半。目的地周辺の漆黒の闇に唖然としつつも暗視眼鏡により無事飛行場へ着陸、患者と付添いの医師を収容し復路につきました。

今でこそ充実した装備により「患者を速やかに安全に空輸する」任務に集中できる環境が整っていますが、創隊当時の地上支援態勢・航空機の性能などを想像すると、困難に立ち向かっての任務遂行に感心します。目標のない洋上、さまざまに変化する気象を自らの経験値で克服した先輩たちは「南大東島を見逃すと、グアムまでは何もない」と言い残しています。

これまで、要請なしの日もあれば、1日3回の出動、外国人患者空輸などありますが、そのすべては住民の幸不幸に結びつき、待機中の隊員は食事や入浴のタイミングにさえ悩み、家族にも心労をかけていることと思います。急患空輸という崇高な職務に携わる使命感を持ちながらも、同時にその緊張感は拭いきれません。

今では私たちの仕事が認められ、とくに離島の方々から「自衛隊がいてくれなきゃ困る」といった信頼や感謝の言葉を聞くこともしばしばです。

地元には「島ちゃび」という言葉があります。どんなに苦しくても島ではどうしようもないという意味で、命にかかわるようなけがや病気に遭えばあきらめるしかない、といった離島で生きることの辛さを表した言葉とも受けとれます。

暗夜、悪天候のなか、恐怖さえ覚える困難な飛行へと隊員を駆り立てるものの一つに「島ちゃび」とあきらめてほしくないという思いがあり、その思いは国民を守る責任感そのものです。

困難と悲しみを乗り越えて

急患空輸の信念は、隊員の世代交代、装備の近代化が進んだ今日でも、若い隊員にまで脈々と受け継がれています。しかし、過去には任務遂行への強い思いにより悲惨な事故も発生しました。

1990（平成2）年2月17日深夜、宮古島に向かったLR‐1は漆黒の洋上で消息を絶ち、操縦士2人、整備員1人とともに、本島からの付添い医師が殉職されました。

事故後、医師のご遺族から厳しい任務を続ける飛行隊の航空安全を願って一対のシーサーが寄贈されました。今でも格納庫両脇に鎮座し、那覇空港滑走路を見渡し、東シナ海に睨みを利かせています。

また、2007（平成19）年3月30日深夜、徳之島に向かったCH‐47JAが天候悪化により変更した収容地点へ向かう際、経路上の山頂に衝突し、操縦士、整備員各2人が殉職しました。事務所の机には彼らが食べようと準備していた夜食が残されていました。事故後、住民の皆さんの深い理解と協力で事故現場山頂と地元公民館に鎮魂碑と慰霊碑が建立され、つねに美しく整備されています。

今でも住民の方からは「あなた方を神様のように思っています」と、これ以上にない言葉をいただくこともあります。

これらの不幸な経験を乗り越え、事故を風化させぬよう部隊では「仲間を二度と失わない」「仲間の遺志を忘れない」気持ちを胸に任務を続けています。

急患空輸隊長として指揮する時、患者への思いの深さが無謀な飛行につながらないようにとの願いを「よろしく。気をつけて」の言葉に込め、あけもどろの空（沖縄・奄美地方に伝わる古代歌謡で語られた言葉で、「朝日に染まり始めた空」の意味）に飛び立ち、漆黒の闇に紛れていく出動機に対し、無事に患者を運んできてくれるよう祈りつつ送り出しています。

緊急患者空輸の実績：9425件・9785人（2019年2月12日現在）

沖縄の不発弾処理隊創設42年の軌跡

いつの日か不発弾がなくなるまで

第101不発弾処理隊長（当時）
東部方面後方支援隊第3科長　2等陸佐　渡邊克彦

「ポロロロ……ポロロロ……」この電話の呼び出し音が鳴ると不発弾処理隊事務室の空気が変わります。緊急要請がかかってくる電話の音は少し低く、ほかの電話機とはわずかに違っており、そこにいる全員が受話器を取った隊員の対応を凝視します。

「はい、不発弾処理隊です……はい、不発弾処理隊です……」と2回繰り返した場合は、沖縄県警察本部からの外線を受ける場合がほとんどで、次の「はい、緊急ですね」で事務室の雰囲気が慌しくなり、待機中の第1緊急処理班がすぐさま出動準備に取りかかります。

班長は現場警察官との細部位置の確認・調整、班員は車両、工具などを準備し、課業時間中は要請から10分以内で駐屯地から出動します（課業時間外は30分以内）。

出動する者たちの無事の帰隊を祈り、隊長以下で見送ります。

不発弾処理の歴史と現状

沖縄県は、1972（昭和47）年5月15日に日本に復帰し、自衛隊も当地に配置されることになりました。同年3月1日、復帰に先立ち北熊本駐屯地に臨時第1混成群が編成され、その中の那覇派遣隊弾薬班は、5月28日、班長以下8人の態勢で那覇に移動し、編成完結しました。

以来、米軍から不発弾処理業務が陸上自衛隊に引き継がれ、第101後方支援隊弾薬班がほかの弾薬業務と並行して不発弾処理にあたってきました。

1974（昭和49）年3月2日、那覇市小禄で下水道工事中に不発弾の爆発事故が発生し、死者4人、負傷者34人、家屋損壊81戸という大きな被害を出しました。

この事故を契機として、防衛庁長官の命により「不発弾処理を専門とする特別の部隊を臨時に編成する」こととなり、同年6月5日、「特別不発弾処理隊」が編成され、第1混成団の隷下となりました。

当初、不発弾処理は10年程度で終了し、「特別不発弾処理隊」を解散させる見積もりでしたが、不発弾の発見が続き、19年間、臨時のまま存在していました。

その後、陸上自衛隊の態勢の見直しにより、陸上自衛隊内に「不発弾処理隊」を正式に編成することとなり、1993（平成5）年3月に「特別不発弾処理隊」は廃止され、人員・装備をそのまま引き継いだ「第101不発弾処理隊」が編成され、第1混成団に編合されました。

そして2010（平成22）年3月、第1混成団の廃止、第15旅団の新編にともない、平素は旅団長に隷属《れいぞく》する現在の体制になっております。

終戦直後は、不発弾を含む戦争遺物から鍋釜などの生活必需品を作ったり、発破漁《はっぱりょう》のために爆薬を取り出したりしていたため、多数の爆発事故が発生し、死傷者が出ていました。

琉球政府の統計によりますと、米軍統治時代には704人が死亡しています。また日本復帰後も14件の爆発事故で6人が亡くなられています。

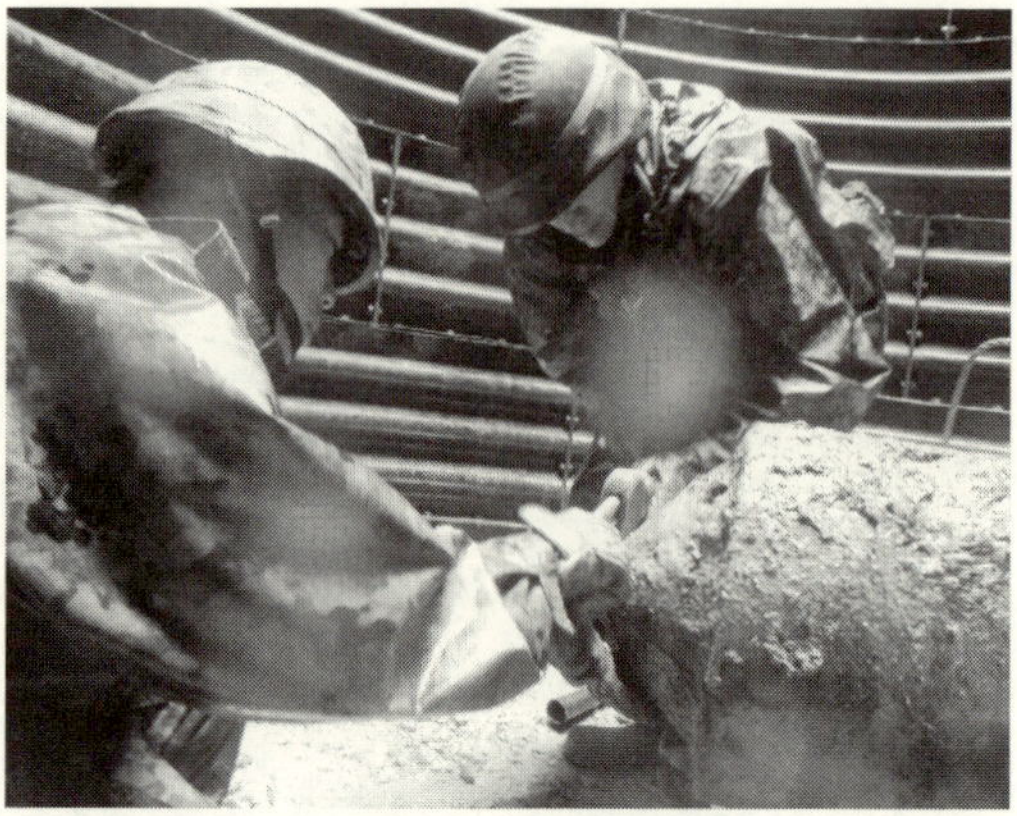

旧海軍250kg爆弾の処理

最近では2009（平成21）年、水道管敷設工事中に250キロ爆弾の爆発事故が発生しました。この事故以降、不発弾の危険性が再認識され、発見届け出の頻度が高くなっています。2015（平成27）年度においても、緊急出動要請538件を含む575件の不発弾処理を実施しました。

ある緊急出動の現場

緊急要請を受けて出動、現場に到着。警察官の誘導で不発弾の発見現場に前進します。そこはジャングルのような密林の奥地にある遺骨収集の現場です。

車両から降りて約200メートル歩いていくと、ガマと呼ばれる自然洞窟に到着しました。入口には収集された遺骨が集積されており、ガマの奥に不発弾があるとのことでした。

米軍5インチ艦砲弾の処理

入口は狭く、内部も立って歩けない状況ですが、奥に進むとガマの中に点在する不発弾を確認し識別していきました。100メートルほど先の行き止まりの間に、米軍の5インチロケット弾1発、2・26インチロケット弾3発、旧陸軍の手榴弾6発がありました。米軍の不発弾は地雷に転用しようとしたものでしょうか。

識別後は狭いガマの中を不発弾を抱え、滑ったり落としたりしないように戻らねばなりません。先導の警察官と協力し、少しずつ来た道を戻り、汗だくになりながら入口に到着、無事に不発弾を回収することができました。

不発弾がなくなる日を願って

戦後72年を過ぎても毎日のように発見される不発弾。そして毎日のように実施される緊急出動による不発弾処理。沖縄戦で何万発も使用された砲弾の威力は今でも衰えていません。沖縄、そして世の中の平和を願いつつ、これ以上の事故が起きないように、われわれは1発1発の不発弾を確実に処理しなければなりません。

前身の「特別不発弾処理隊」が誕生して以来42年あまりの間、自衛隊による不発弾処理作業中の事故は1件も発生していません。

先輩たちが築いてきた「無事故」記録を絶やさぬよう、これからも安全確実な不発弾処理業務に努めていきます。いつの日か不発弾がなくなる日まで。

不発弾処理業務の概要

陸上において発見された不発弾処理の法的な根拠は、昭和33年の自衛隊法改正により「陸上において発見された不発弾その他の火薬類の除去及び処理を行う」と定められたことが根拠となっている。

沖縄での不発弾処理の流れは、最寄の警察署に不発弾発見の届け出がなされ、沖縄県警察本部から第101不発弾処理隊に処理要請が出される。不発弾処理隊は第15旅団長からの出動命令に基づき緊急出動を実施し、現地に向かい不発弾を識別し危険度を判定する。とくに危険度が高い不発弾は、現地での安全化または現地爆破を実施して危険性を除去する。

危険度が低い場合、あるいは安全化後の不発弾は回収し、後日、爆破するか、または処分業者に外注して最終処分を実施している。

２０１９（平成31）年2月12日現在、創隊以来の累計不発弾処理実績は、処理要請3万７４３９件、回収重量約１８０４トンとなっている。

なお、全国各地で行なわれている不発弾処理の総実績は、２０１７年3月31日現在、処理件数13万５５９５件、回収量６１９９トンに及んでいる。

「御巣鷹山日航機墜落事故」派遣

悲しみのバレーボール球

第12施設大隊本部第3係主任（当時）市川菊代

１９８５（昭和60）年8月12日19時頃、羽田発大阪行きの日本航空第１２３便ボーイング７４７型機が群馬県多野郡上野村の御巣鷹山頂付近に墜落した。離陸後の機体損傷により操縦不能に陥っての墜落であった。４人が生存・救出されたものの乗員・乗客５２０人が死亡した史上最大の航空機事故であった。

陸上自衛隊は東部方面隊などに災害派遣を発令し、東部方面隊は墜落現場を担当する第12師団を基幹とする部隊を直ちに派遣。8月12日から10月13日までの63日間、人員延べ約3万８０００人、航空機18機をもって生存者の救出、ご遺体の収容、機体の搬出などを行なった。

厳しい活動環境と凄惨な光景

私は当時、第12師団隷下の第12施設大隊本部第3係主任（作戦幕僚）としてこの災害派遣に参加した。幹部学校から転属して4日目の出動であった。

現場は想像を絶する厳しい環境であった。山頂付近に激突した機体はバラバラに砕け、谷底に向かって残骸やご遺体が散乱していた。尾根は尖って地積はほとんどなく、その両側は急傾斜の崖が深い谷に落ち込んでいる。麓の村落からは遠く離れ、現場に通じる道路もない。現場に到達するには幾重にも連なる山と谷を越えなければならなかった。

当初は酷暑が続き、飲料水も十分になく、のどの渇きを我慢しながらの活動であった。

しかし、何より厳しかったのは現場の凄惨な状況であった。絶望的な光景にしばし呆然とし、自分を納得させて胆《きも》を据える時間が必要であった。現場で活動した隊員誰もが同じような心境であったと思う。

仮設ヘリポートの構築

第12施設大隊に臨時の仮設ヘリポート構築の命令が下った。道路がない山頂と麓の間の空路は不可欠で、そのためのヘリポート構築は喫緊の重要事項であった。

すでに第1空挺団の隊員が小・中型ヘリコプター用のヘリポートを狭い岩肌を削って急造していた

が（8月13日～14日）、大型ヘリコプターの発着用がどうしても必要であった。

構築場所はヘリコプターの運航管理や安全確保、活動地域の全般配置などから尾根の最先端部にすることになったが、狭く尖った岩質の場所であり、とても人力で整地できる状況ではない。

そこで、杉（檜だったか）の木がほぼ等間隔に植林されていたのでこれを活用することにした。発着場に必要な最低限の区画を計測し、水平面を確保できるように木を1本1本の高さを調整しながら伐採し、切り採った木材を水平に並べて発着場にした。

ヘリ部隊幹部との調整、力学的な検討、植林伐採の許可申請等々の準備を経て15日に作業を開始した。

現場はヘリコプターのエンジン音と風圧による土埃、燃料の焼け焦げた匂いなどがたちこめて混沌としていた。そのようななか、各級指揮官の号令と隊員の復唱の声が騒然とする現場に響いた。

「一刻も早い完成を！」を合言葉に夜を徹して作業を続け、16日に完成した。

そして、一番機のV‐107大型ヘリコプターが降着する時は、まさしく祈るような気持ちであった。V‐107は、ホバリングしながら後輪だけを接地させるような状態であったが、無事降着し、物資を降ろし始めた時は思わず「よし！」と叫んだ。

記録によると、二つのヘリポートを使用して、すべてのご遺体の搬出のほか、現場で活動した自衛隊や警察の部隊など延べ約4000人、物資約100トンを空輸した。

困難な現場での活動の一助を担うことができたと今でも感じている。

空から降ってきた慰霊の品々

仮設ヘリポートを構築したあとはご遺体の捜索・収容活動に従事した。事故のご遺族を乗せた飛行機が現場の上空を旋回したことがあった。その時、上空から花束など多

隊員が作った着陸場に後輪のみで接地するV-107大型ヘリ

くの慰霊の品が降ってきた。その中に黒と赤と青の文字が一面に書かれたバレーボール球があった。

その文面から察するに小学生と思われる子をはじめ、3人の子供たちのお亡くなりになったお父さんへの感謝とお別れの言葉、そしてお母さんの「今まで幸せであった」こと、「これから子供たちをしっかりと育てて生きていきます」旨の決意などが記されていた。

私たちは唇をかみしめ、涙しながらそれを読んだ。その球といくつかの花束をご遺体があったと思われる場所それぞれに供えて全員で黙祷した。沈痛な時間であった。

私たちは亡くなられた方々の無念と残された家族の深い悲しみを思いながら活動を継続した。

奇跡的に助かった乗客を救助しヘリに引き上げる。

そして歳月が過ぎ……

あの事故から30余年もの月日が経った。亡くなられた犠牲者と残されたご遺族にあらためて哀悼の誠を捧げたいと思う。

本稿を記すにあたって、当時の記録や資料、事故を題材にした映画を観た。最後まで懸命に乗客のために尽くした客室乗務員と、迷走する機体と闘った機長、副操縦士、機関士の必死の行動にただただ頭が下がる。さらに現場に入ったわれわれ以外にも、実に多くの人々が活動していたことも知り、ほとんどの関係した誰もが犠牲者のため、ご遺族のためという共通の一念で懸命に行動していたとあらためて感じている。

先日、この事故で亡くなった坂本九さんの娘さんが歌手として活躍されているのをテレビで観た。

バレーボール球のお母さんは、子供たちを懸命に育て上げ、その子供たちも成長して30代あるいは40代になって、すでに家族があるのではないかと思う。

そのほかのご遺族の方々も絶望的な状況から立ち上がり、その後の困難を克服しながら立派に生きておられると確信している。

「阪神・淡路大震災」災害派遣（1）

自衛隊に対する印象が変わった

中部方面総監部幕僚副長（当時）野中光男

中部方面隊管区（北陸、東海、近畿、中国、四国の2府19県）内は歴史的に見ても地震、風水害など、自然災害が多く発生しています。戦後発生した大規模（死者200人以上）の地震、台風災害だけでも10回あり、これらの死者は合計2万3000人を超えます。

そのような過去の歴史の流れのなかで、1995(平成7)年1月17日早朝、またもや大災害が発生したのです。それが「阪神・淡路大震災」でした。

「知事は多忙であるゆえ会えない」

県知事など自治体の長は民意によって選ばれた人であり、自治体の職員とは立場がまったく違う職務や責任を負っています。その中で最も重要なことは「緊急事態」が発生した際に、経験があろうとなかろうと「決断」をしなければならないことです。

大震災発生当初、私は現地の県庁庁舎内に設置した「自衛隊対策本部長」に任命され、県知事に面会を申し込みました。ところが秘書の返事は「知事は緊急の事案に忙殺されており会えない」ということでした。私は「兵庫県民の命を救うことは一秒の無駄もできない大事であり、これ以上に重要かつ優先すべき仕事はない」と強く主張し、やっと知事と対面できました。

それまでに知事とは一面識もなかったのですが、同じ佐賀県出身ということもあり、「同じ佐賀もん同士で500万県民の危機を乗り越えまっしょう。そのために、2万人以上の戦力を持つ中部方面隊が全力を挙げて協力します」と声をかけるとともに、「私が来たら最優先して面会できるようにして欲しい」と頼んだところ、交換した知事の名刺にその旨を添え書きしてくれました(写真)。

これ以降、知事は誰が訪問中であろうと私が行けば必ず面会してくれるようになりました。自衛隊の対策本部長が県知事と面会する重要性を理解してもらった結果と考えています。

災害発生時に私が経験したような立場で勤務する者の「心得」として、自治体の長などが困っている時は傍観せず、専門家の立場から助言して自信と勇気を与えるように行動することが必要不可欠であると、今でも思っています。

「神戸の街に戦闘服は似合わない」

災害発生から数日後、国土庁（当時）長官が神戸を訪れ、県、市、災害対応にあたる諸機関の関係者と会議を開きました。会議は「現状報告」というかたちで長官にそれぞれが状況を説明しました。

その席上、「神戸の街に戦闘服は似合わない」と発言した出席者がいました。私は長官に断って発言を求め、「現在最も重要なことは人命救助などの作業である。戦闘服云々を論ずる時ではない。また戦闘服は陸上自衛官が任務遂行にあたり着用するよう国家が定めた制服である。この神戸において不眠不休で災害救援活動にあたっている自衛官に対し失礼であり、その発言は撤回を求める」と抗議したところ、すぐに謝罪、訂正してくれました。

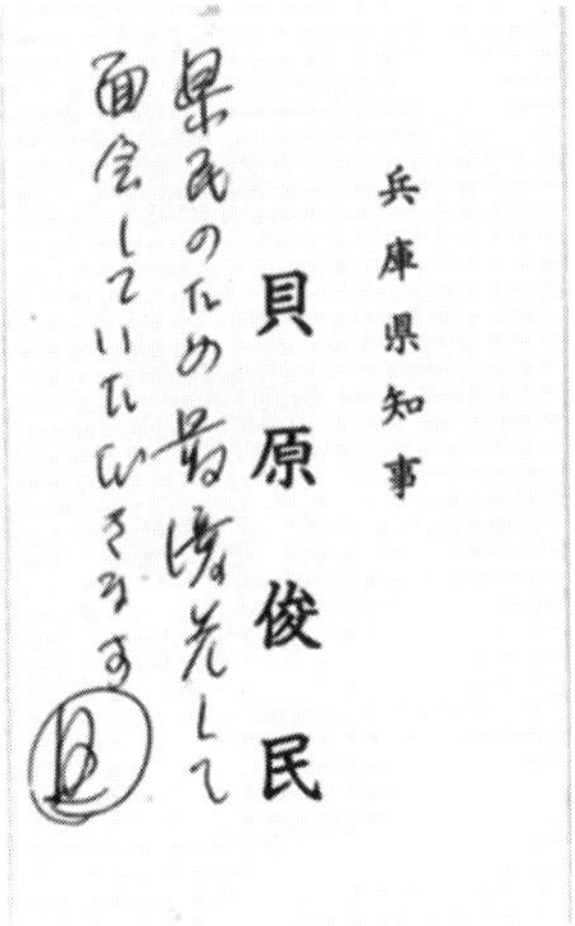

貝原県知事からいただいた
名刺とその添え書き

もちろん、神戸市民が皆、このような気持ちを持っていたとは思いませんが、当時の神戸にはまだそのような人たちがいたことも事実でした。

大地震で横倒しになった高速道路

要望事項の優先順位は誰が決めるのか

そのような発言とは裏腹に、県からの自衛隊に対する要望が殺到し、収拾がつかない状況になっていました。県の各部の窓口は市民から寄せられる要望をそのまま自衛隊に持ってきます。

市民がひっきりなしに助けを求めてくるわけですし、それを県としてはむげに断れない。他方、やらなければならないことは際限がないほどあります。その結果、県は何でも自衛隊に要求してくるのです。

そこで、私は自衛隊側の代表者として知事に「どの要望を優先すべきかを決めてください。私でよければ私が決めます。しかし、それは越権行為でしょう。これは自治体が主導すべきであり、知事の決断であると考えます」と意見具申しました。

これ以降、副知事を長とする組織ができ、市民の要望事項に優先順位をつけ、それを自衛隊に依頼するという枠組みができました。

「法令上、風呂の設置は認められない！」

私たちの社会生活上、守らなければならないさまざまな法律があることは理解しておりますが、次のようなこともありました。

知事の「100万人に入浴サービスを提供する」構想により、「臨時浴場」を設けることになりました。幸いにも陸上自衛隊の装備品には野戦用の「野外入浴セット」があり、これを活用することにして、神戸の街の銭湯がどこにあるか、何軒あるかなどの資料を県側からもらい、約30組の入浴セットを展開しました。

そこへ厚生省（当時）から「公衆衛生法令上、お風呂の設置は認められません」という電話がかかってきました。

現場がどのような状況であるか、女性、とくに母親が子供たちをお風呂に入れてあげたいとの切実な願いなどを訴えたり、この臨時浴場の運営要領に至るまで事細かに説明しましたが、「法律違反です。衛生上、何か問題が生じた時、誰が責任をとるのですか？」と埒《らち》があきません。夜を徹して話し合った結果、やっとのことで「とりあえず」解決できました。

法律は、平時を前提に作られていますが、あのような緊急時には「法律の柔軟な適用」が必要であると痛感した一件でした。

自衛隊の「地道な努力」が国民の信頼を増大させた

内閣府の世論調査結果によると、「自衛隊や防衛問題に関心があるか」の問いに、「阪神・淡路大震災」前の調査（1994年1月）では「関心がある」とした人は約57パーセントでしたが、2015（平成27）年1月には約72パーセントまで上がりました。また「自衛隊に対する印象」については、「阪神・淡路大震災」前は「よい」が約77パーセントでしたが、2015年1月には92パーセントを超えるまでになりました。

当然ながら、災害派遣やPKOなどの実績だけで高い評価を与えられたわけではないでしょう。しかし長年にわたる自衛隊員の日頃の「地道な努力」の結果であることは間違いないと思います。「阪神・淡路大震災」における活動も、自衛隊に対する国民の意識の変化、さらに当時はできなかった「自主派遣」への自衛隊法改正など、結果として多大な貢献することになったと自負しています。

「阪神・淡路大震災」災害派遣の概要

「阪神・淡路大震災」は、1995（平成7）年1月17日午前5時46分、淡路島北部を震源として発生し、マグニチュード7・3の激震が神戸市を中心とする阪神地方や淡路島を襲った。これにより、阪神高速道路や鉄道の高架橋、住宅・ビルなどの建造物が多数倒壊し、死者・行方不明者6437人、負傷者4万3792人、被災者は30万人以上、全・半壊家屋約24万9千棟以上にものぼり、関東大震災（大正12年）以来の大惨事となった。

自衛隊の災害派遣の概要は、派遣期間101日（1995年1月17日から4月27日まで）、派遣規模、延べ人員225万4700人、車両34万7000機、航空機7000機に及び、主要な活動は人命救助・捜索（遺体収容含む）、給食支援、給水支援、入浴支援、輸送支援（物資輸送含む）、医療支援などであった。

なお自衛隊への災害派遣要請は、地震発生から4時間後。それまでは第36普通科連隊による阪急伊丹駅への「近傍派遣」を除き、自衛隊は活動できず、出動の遅れが指摘された。

「阪神・淡路大震災」災害派遣（2）

派遣要請を待たずに呉を出港

呉地方総監（当時）加藤武彦

1995（平成7）年1月17日午前5時46分に発生した「阪神・淡路大震災」では、神戸市東灘区に所在する海上自衛隊呉地方隊隷下の阪神基地隊も、幸い人的被害はなかったものの、岸壁を含む基地内の建造物のすべてが、使用不能となりました。

当時、私は呉地方総監として着任して1か月で未曾有の大災害発生で、状況不明のなか、隷下の海上自衛隊の救援活動を指揮することになりました。

それは6時3分に大地震の発生と甚大な被害を伝える阪神基地隊からの緊急報告から始まりました。

1分にも満たない短い報告でしたが、それによって私は部隊に非常呼集をかけ「総員帰隊、災害派遣準備。艦艇部隊は直ちに出港準備。航空部隊はヘリコプターを飛ばして偵察にあたれ。目的地は神戸」との指示を出しました。輸送艦「ゆら」、護衛艦「とかち」が9時50分に呉港を出港しました。

出動か待機か？

この記述からは、海上自衛隊の初動はスムーズだったように思われるかも知れませんが、実は大きな問題がありました。

それは災害発生時における自衛隊の行動を規定している「災害対策基本法」およびそれを受けた「自衛隊法」の条文の解釈です。

災害派遣について規定した自衛隊法第83条2項のただし書きには、「ただし、天災地変その他の災害に際し、その事態に照らし特に緊急を要し、前項（都道府県知事等）の要請を待ついとまがないと認められるときは、同項の要請を待たないで、部隊等を派遣することができる」旨が書いてあります。しかしながら、自衛隊創設以来40年有余、このただし書きによって部隊が動いたことはありませんでした。

この時、私が思ったのは「この地震が起きた時、兵庫県民、神戸市民の方々はどう思っておられるのか」ということです。災害派遣の要請があるまで待つか、待たずして部隊を出すかを考えましたが、出動を決断しました。

呉から神戸まで海自の艦艇で10時間ほどかかります。人命救助にとっては極めて重要な10時間の間に兵庫県知事からの災害派遣の要請がなくても、私の責任で実行しようと決心しました。

5時46分から被災者の命のカウント・ダウンは始まっていました。さらに72時間内に救助の手を差し伸べないと生存確率は大幅に下がります。

「さあどうするか」と思っていたところ、兵庫県庁防災課との連絡がつき、呉地方総監部防衛部長は「この電話をもって災害要請があったことにしていただきます」と告げ、その電話を受けた40分後に、呉を出た自衛艦の第一陣が神戸沖に投錨しました。

1月17～18日に艦艇は神戸沖に集結

海上自衛隊（呉地方総監）への災害派遣の要請は、17日19時50分と記録されています。

救援活動の開始

海上自衛隊では護衛艦、輸送艦など15隻、人員1142人、航空機3隊、15機が出動。艦船は神戸沖に投錨し、本格的な救援活動は1月18日午前6時から始まりました。

夜が明けるにつれ神戸港の光景を絶望の淵から眺めたある神戸市民は「十数隻の艦隊が見えたのです。思わず胸にじんとくるものがありました。よし、助かるぞ。その瞬間、国家がわれわれに差し伸べている『救いの手』がはっきりと見えたのです」と、のちに雑誌に投稿しています。

平時における自衛隊の役割は「抑止力」です。抑止力とは何か。それは国民の皆さまに安心感を持っていただくために、外からの侵略を未然に防止することに尽きます。

しかし、1月18日の朝、神戸港の様子を見た市民の中には、心の中でこのような安心感を感じた方も少なくないのではないかと思います。

18日未明までに神戸に集結した艦艇部隊の乗組員260人と、陸上自衛隊の第3特科連隊400人を合同させて、700人弱の1個連隊ほどの規模になりました。

その部隊が18日から20日の3日間、人命救助にあたり、8人の被災者を救出しました。残念ながら17体のご遺体を収容し、そのほか、4〜5体のご遺体の所在を確認しました。

もし海上自衛隊が兵庫県知事の要請を待ってから部隊が出動したのなら、救助部隊の編成はできず、その8人の方が命を落とされていた可能性は極めて高かったと考えます。

秩序や指揮系統を尊重して命令を待つのか、私のように先に出してしまって手順・手続きは「後追い」するのか。前述のように、大切なことは「国民の皆さまが何を求めているのだろうか？」、つまり「自衛隊がすぐにわれわれを救いに来てくれるだろう」という期待に応えることだろうと思います。

なすべきことは何か？

国際的な医療・人道援助のNGO組織の一つに「国境なき医師団」があります。このNGOが、ある国で活動した際、その現場に日本人の医師が参加し、医療行為をする際に「私は日本の免許しか持っていない」と言ったところ、この活動に長年参加しているフランス人の医師が次のように言ったそうです。

「僕たちは人々を救う力がある。どうしてそこに倒れている人に手を差し伸べてはいけないのか？なぜ君の免許が問題になるのだ。それは君の考え一つだよ。やるべきことは何なのかよく考えてみろよ」

私が兵庫県知事からの災害派遣要請を待たずに部隊を神戸に向かわせたのがよかったのか、悪かったのかは、神戸市民、兵庫県民、そして国民の皆さまが判断されることと考えております。

（編集部注：「阪神・淡路大震災」の教訓により自衛隊法が改正され、現在は自衛隊の「自主派遣」が可能となっている）

「阪神・淡路大震災」災害派遣（3）

災害派遣出動の蹉跌と教訓

中部方面総監（当時）松島悠佐

1995（平成7）年1月17日午前5時46分、大きな地震が神戸とその周辺地域を襲った。のちに「兵庫県南部地震」と命名されたが、広く「阪神・淡路大震災」と呼ばれている。関西の人たちは「まさかこのような地震が自分の生活圏で起こると予測していなかった」というのが実感だった。

突然、発生する自然災害は状況がよくわからないのが通例だが、この災害派遣は当初から被害状況がよくわからず、県や市の地方自治体との連携もとれないまま始まった。

情報不足と自治体との連携不備

中部方面総監部では、地震発生直後の6時頃から情報担当の部課長らが逐次登庁して情報所を開設、情報収集を開始し災害派遣に備えていた。

災害時にまず最重要な措置は人命救助であり、そのためにも被害の全容把握が必要だったが、災害派遣の行動を開始するために必要な情報が得られなかった。

地震発生時の尋常ではない揺れと身の回りの見える被害だけからも、相当大きな地震だとわかったが、肝心の各地域の被害情報は、局地的かつ断片的なものばかりで、被害激甚地域はどこなのか、どのような被害が出ているのかなど、なかなか全体の状況がつかめなかった。

のちにわかったことだが、自治体などの行政機関、警察・消防などの災害対処にあたる機関のすべてが被災者であり、混乱した状況が続き情報収集体制が整わなかったのが実情であった。

とりわけ早朝の災害発生だったために、警察も消防も当直員だけで対応せざるを得なかったこと、さらに、交通機関の途絶、道路の損壊のために、警察官も消防署員も登庁に時間を要し、当初の情報収集が遅れて、なかなか全体情報がつかめなかったのである。

警察の被害情報の発表では、17日午前9時頃には死者は22人だったのが、昼になると330人、夜11時ごろには死者1588人、行方不明1017人となった。しかし、この時すでに4000人を超える人が、倒壊した家屋の下敷きになってほぼ即死状態で亡くなっていたのである。

このように「災害情報の不足」と「地方自治体等との連携の不備」の中で当時、自衛隊史上最大規模となった災害派遣が始まった。

地震直後に大規模な火災が発生した神戸市長田区（提供：神戸市）

近畿地方の2府4県（大阪府・京都府・滋賀県・奈良県・和歌山県・兵庫県）の防衛・警備、災害対処を担任する第3師団司令部（千僧《せんぞう》駐屯地）も伊丹市にあるが、ここでも中部方面総監部と同様、災害派遣を予期して司令部近くに居住する者は、6時前から自主的に参集し、6時半には情報所を開設し情報活動を活発に行なっていた。

最初の被害情報は6時半に伊丹警察署から入った。「阪急伊丹駅前の交番が倒壊して警察官が閉じ込められたので救出してほしい」というものだった。

総監部と同じ伊丹駐屯地の第36普通科連隊がこの現場に駆けつけた。その後も「病院が崩壊した」など現地の被害情報を受けて「近傍災害派遣」として西宮市、宝塚市に出動した。

だが、第3師団が本格的な災害派遣に出動したのは、地震が起きてから4時間ほどたった午前10時に兵庫県知事から災害派遣の要請を受けてからだった。

この時点でも、第3師団長の報告は「地域的には神戸と淡路島が被害の中心のようだが、現地の被害状況はよくわからない。とりあえず神戸と淡路島にできるだけの部隊を集中させる」というものだった。

自衛隊の出動が遅くなった原因

交通渋滞と情報の不足から部隊集中が思うように進まず、神戸市を担任区域とする第3特科連隊（姫路駐屯地）が神戸市内の長田区や東灘区などの被害激甚地域に進出したのが、出動から7〜8時間後となった。

現地に入った部隊が現場で確認した情報を集めて、17日夕方から夜になってようやく全般状況の把握ができ、第3師団の主力が本格的な人命救助活動を開始したのは翌日になってしまった。

このことが「自衛隊の出動が遅い」という批判につながったが、そこには自治体などとの連携の不備や自衛隊の態勢にも限界があったからだ。

具体的なことをいくつか挙げれば、次のような理由や背景があった。

●兵庫県も神戸市も自衛隊との関係は疎遠で、防災の訓練もしていなかったし、関係者相互の面識もなく、防災無線も通じず、当日は連絡がほとんどとれなかった。

●神戸市には陸上自衛隊の部隊は駐屯していなかったし、周辺にいる部隊の数も限られ、大阪や京都の部隊が神戸に向かったが、道路の大渋滞で思うように前進できなかった。

●中部方面隊には大型ヘリコプターがなく、第1ヘリコプター団（木更津駐屯地）に支援してもらったが、この第一陣が到着したのが午後2時半、暗くなるまでの3時間の間に神戸と淡路島に派遣部隊350人を運ぶのがやっとだった。

●神戸市内で大型ヘリの発着にヘリポートとして利用できるのは王子公園グランド1か所だけだった。それもここを使用するために調整すべき県や市との連絡はつかず、自衛隊側が勝手に使用した状況だった。

防災訓練にも参加できなかった自衛隊

神戸は政治的に革新系の支持基盤の強い地域であり、長く社会党委員長を務めた土井たか子議員の地元でもあり、「自衛隊は憲法違反」と主張している市民団体の影響力が大きく、「防災訓練を含め市の行事に自衛隊は参加させない」という不文律ができていたようである。

神戸市では防災について関係機関の協議が開かれても自衛隊の担当者には案内も来なかったし、神戸市を担任する隊区部隊長も市の防災会議には不参加だった。

「自衛隊は参加させない」という神戸市の態度は、相当かたくなで、海上自衛隊の艦艇も神戸港には入れなかったし、陸上自衛隊の音楽隊も神戸では演奏会も開いたことがなかった。

しかし、これがその後に起きた阪神・淡路大震災に大きな災いをもたらした。

現在では、防災に関しては自治体をはじめ警察・消防などの機関との協同連携が大切なことは十分認識されているが、それもこの大震災以降のことであり、当時の兵庫県、神戸市では防災ですら自治体やほかの組織・機関との連携は希薄だった。

そのような状況だったので、関係自治体や警察・消防などとの連携態勢を確保し、情報の共有化を図ることが、災害派遣の最初の取り組みだった。

隊員の献身的な活動と自衛隊の総合力

阪神・淡路大震災での救援活動は、自衛隊の総合力を発揮した戦いだった。

第3師団は兵庫県を中心とする被災地域、第2混成団（現・第14旅団、担任区域は四国4県：香川県・徳島県・愛媛県・高知県）は淡路島において直ちに救援活動を開始し、第10師団（担任区域は東海、北陸6県：愛知県・岐阜県・三重県・石川県・富山県・福井県）と、第13師団（現・第13旅団、担任区域は中国、山陰5県：広島県・岡山県・山口県・島根県・鳥取県）もそれに続いた。当初の活動は人命救助および給水・給食支援が主体だったが、その後、入浴支援や避難所のテント設営など、多岐にわたる生活支援を行なった。

また、医療支援では自衛隊阪神病院がすみやかに院外活動の態勢をとり、他方面隊からの医官・衛生隊員の応援を得て、診療所の開設、巡回診療を開始した。

自衛隊の重機で倒壊した家屋を処理する（提供：神戸市）

人員・物資輸送では、航空隊、輸送隊が中心となり、緊急物資からご遺体、棺に至るまで多岐にわたる膨大な輸送を実施した。東大阪の八尾駐屯地の中部方面航空隊は、百機に及ぶヘリの運用・管制を無事故で遂行し、災害派遣時におけるヘリ運用に多くの教訓を残した。

中部方面輸送隊は交通渋滞の中で輸送効率を高めるために、渋滞状況の放送伝達システムを開発するなど、創意工夫に努めた。

倒壊家屋や被災財の撤去・処理では、全国からの増援を含め２４００人の陣容で第４施設団基幹の施設科部隊が実施し、その丁寧かつ確実な作業に対して、行政や被災者の作業依頼があとを絶たず、撤収の前日まで処理作業に奮闘した。

表には出ないがこれらの活動を支えた力があった。全国から来援した多数の部隊の連絡確保のため、中部方面通信群は、基地通信と野外通信の連接を図り、膨大な通信量を処理できる態勢を作った。寒風にさらされた六甲中継所には、各部隊の中継アンテナが林立していたが、それが100日間の災害派遣の指揮通信の命脈となった。

救援活動の補給基盤となったのは、伊丹ならびに千僧駐屯地業務隊だった。糧食・燃料補給、給食支援など、増援部隊の分を含めて平素の5～10倍もの量を処理するとともに、被災した隊員家族に対する補償・厚生業務などにも、専門官を集中して対応した。

物資調達には、方面隊や師団の会計隊もやりくり算段の日々だった。膨大多岐にわたる調達も、現金による処理はできず、災害対策費による後払いが主体の調達を強いられ、業者との調整に苦労した。

中部方面調査隊は、震災直後から被災地に入り、被災者が何を望んでいるのか、自衛隊に何を期待しているのか、表からではわからない被災現場の様子を毎日克明に報告してくれた。

保安・警務部隊は、全国から100人を超す警務官の応援を得て、部隊の誘導から宿営地での警戒警備など、警察官の手が足りない被災地で警務活動に多忙を極めた。その中で車載無線機の盗難事件が散発し、犯人の捜査・割り出しまで実施しなければならなかった。

音楽隊は、当初、総監部の各部署で応援要員として活動していたが、2月下旬から慰問演奏を開始し、暗くなりがちな被災者の心を癒し好評を博した。

目を覆うばかりの惨状のなかで、労を厭わぬ隊員の献身的な活動は、被災者の目にしっかりと焼きつき、ここから自衛隊に対する国民の認識が変わった。自衛隊は頼りになるという認識が大きくなった。

「前進指揮所」で県対策本部の機能を強化

方面総監部の指揮組織も大いに活躍した。災害対処は、言うまでもなく一義的には地方自治体や公共団体など行政機関が主体となってこれにあたるが、自衛隊は侵略事態などに即応するため、独自で輸送、通信、医療、給水・給食、宿営などを行なう能力、すなわち「自己完結機能」を有し、これを活用した災害救援活動ができるのが、行政機関、警察や消防と異なる大きな特徴である。

阪神大震災の災害派遣では、総監部幕僚副長の野中光男陸将補を長にして、情報、運用、兵站の課長をトップにした組織を編成し、総計45人の「方面隊前進指揮所」を県庁に派遣し、県の災害対策本部の救援活動の機能を支援・強化した。

これは、震災直後に県の災害対策本部を訪問した際に災害対策会議を垣間見る機会があり、県知事以下県庁の部局長が集まった会議ではほとんど行政分野の検討が主体となり、実際の救援活動のことは二の次になっている現状を見て、「これでは被災者の救援活動はうまくいかないのではないか」と危惧したからだった。

災害救援活動が本格的に機能したのは、この「前進指揮所」を派遣、県庁との調整・連携が図れるようになってからである。

自衛隊の災害派遣というと、ヘリコプターなど機動力を活用した迅速な部隊の展開、組織力を発揮した人命救助、そして行方不明者の捜索などが中心に考えられているが、実は救援活動の指揮能力の

大勢の市民に見送られて撤収する自衛隊（提供：神戸市）

高さが、それを可能にしているのである。

　国家の緊急事態に対応する訓練を重ねているのだから、当然といえば当然なのだが、自衛隊の指揮・統制能力は高い。とくに大規模な災害にあたっては、司令塔としての自衛隊の指揮能力を存分に発揮して支援する必要があるだろう。

空前の災害派遣活動を完遂

　4月27日、被災者の皆さんの「自衛隊さんありがとう」の言葉に送られながら全部隊が撤収した。

　100日にわたる災害派遣は、海空自衛隊ならびに全国の方面隊からの支援を受けながら中部方面隊の総監部も各部隊・全隊員がそれぞれの力を出し合い、総合力を発揮して戦い続けた災害派遣だった。

「地下鉄サリン事件」災害派遣（1）

待ったなしの除染作戦

第32普通科連隊長（当時）福山　隆

「地下鉄サリン事件」発生から早くも四半世紀近くの歳月が流れた。

あの事件で、一切の状況が不明な混乱の中から始まった除染作戦、未知・未経験の領域で指揮を執るうえでの不安、隊員の命を預かる重責、怒濤の勢いで過ぎ去った顚末などさまざまな局面の思い出が去来するが、記憶の鮮明度は歳を重ねるごとに霞のむこうに遠ざかっていくような気がする。

私とともに除染作戦に取り組んだ当時の第32普通科連隊隊員や大宮駐屯地の化学科部隊隊員の多くは、すでに陸上自衛隊を退いて、第二の人生で「新たな戦い」を繰り広げている。年月が経つ早さを実感させられる。

「近衛連隊」の誇り

韓国防衛駐在官から帰国した私は、平成5（1993）年7月1日付で第17代の第32普通科連隊長に着任した。当時、都心の市ヶ谷駐屯地に所在していた連隊の隊員は、夜学に通う者も多く、その資質は全国一優秀と自負していた。

当時連隊は、数年後には大宮駐屯地に移ることになっていた。私は着任して「都心に位置し、自らの部隊を『近衛連隊』と呼んで誇りにしてきた隊員たちに、大宮へ移駐する前に何か誇るべき歴史が作ってやれないものだろうか。かつて反戦自衛官を出したという負のイメージを好転させるような、何らかの業績を残せないだろうか」と漠然と考えたものだった。

「第六感」で行動開始

事件当日の1995（平成7）年3月20日は月曜日であったが、「統一代休」とし、翌21日に予定されていた人事異動する隊員たちのための送別ゴルフコンペを利根川河川敷の東我孫子カントリークラブで開催していた。

10時20分頃、ハーフを終え、早めの昼食のためクラブハウスに戻ってきた。無人のフロントの前を通り過ぎようとしたところ、クラブ職員が残したとみられる書き置きのメモが偶然私の目にとまった。

「サリン除染部隊」に訓示する福山連隊長

そのメモには、当直幹部から同じ組でプレイしていた舘島曹長に宛てたもので「大至急、連隊本部に連絡されたし」と記されてあった。

このメモを見た瞬間、私は「第六感」とも言うべきか、「何か重大なことが起こったのでは?」と不思議な胸騒ぎを覚え、自らすぐに連隊本部に電話をかけた。

これが、「地下鉄サリン事件」除染作戦の待ったなしの行動開始であった。

わが人生で「いちばん長い日」

終戦前夜、ご聖断《せいだん》に従い和平への努力を続ける人々と、徹底抗戦を主張して蹶起《けっき》せんとした青年将校たちの葛藤を描いた『日本のいちばん長い日』という映画があったが、私にとって「3月20日」は、人生で「いちばん長い日」となった。ゴルフ場から慌ただしく帰隊したのは、災害派遣命令受領から20分後、まさに〝滑り込みセーフ〟だった。

命令の要旨は「32連隊長は都内の毒物を探知しこれを除去せよ」という、漠然としたものだった。外出している隊員を非常呼集したが、ラジオやテレビで事件を知り、少しずつ集まってきた。化学学校と第1師団、第12師団隷下の化学科部隊が配属・増強されることになった。

私は「都民の安心、安全」を念頭に、配属される化学科部隊の到着を待たず、まず連隊の要員で編成した除染隊を先遣し、現場情報の把握や除染準備に着手させた。

本事件は、前例のない世界初の化学テロであったが、隊員たちはてきぱきと命懸けの除染作戦をやり遂げた。

紙幅の関係でつまびらかにはできないが、この詳細については、拙著『「地下鉄サリン事件」自衛隊戦記』（光人社）で記録にとどめている。

日本国民は宗教と向き合うべきだ

本事件での除染作戦（災害派遣）は、災害対処時の自治体、自衛隊、警察、消防など関係機関の協力体制構築の契機になったことなど、さまざまな効果をもたらしたと自負しているが、私は「日本国民はオウム真理教事件を契機に真剣に宗教と向き合うこと」が本事件の最大の教訓だと思う。

戦後、「宗教はアヘン」と見る唯物史観に汚染され、日本社会は精神・宗教的〝不毛地帯〟に荒廃した。だからこそ、高学歴のインテリたちが麻原のカルト教団にのめりこんだのではなかったのか。日本宗教界の責任は重いと考える。

大勢の団塊の世代が高齢化を迎え〝あの世に旅立つ〟時が近づく今日、その〝処方箋〟としては「福祉予算の配分」だけに論議が終始している。「人はパンのみにて生きる者にあらず」の教えを忘れているようだ。死に対する恐れや生きる不安を癒してくれる宗教についての議論がない。

私たちは国民的課題として、真剣に宗教と向き合う時期を迎えているものと確信する。宗教界も「心の〝不毛地帯〟」となった日本の救済に立ち上がるべきだ。

「地下鉄サリン事件」の概要

「地下鉄サリン事件」は、1995年3月20日、東京都内の複数の営団地下鉄駅構内で宗教団体の「オウム真理教」が起こした化学兵器の神経ガス「サリン」を使用した同時多発テロ事件である。

地下鉄車内で「サリン」が散布され、乗客や駅員ら13人が死亡、負傷者数は約6300人にのぼった。大都市で一般市民に対して化学兵器が使用された史上初のテロ事件、戦後最大の無差別殺人行為として、日本のみならず全世界に衝撃を与えた。

陸上自衛隊はオウムによるサリン攻撃であると直ちに判断し、事件発生直後に災害派遣出動待機命令が発令され、化学科部隊などが派遣された。とくに広範囲の除染活動が必要なため、第32普通科連隊を中心とし化学科部隊を加えた臨時の「除染部隊」が編成され、被害が発生した地下鉄車両内、駅構内の除染作業を実施した。

さらに、警察庁の要請を受けて都内8か所の病院に派遣された自衛隊医官・看護官が、化学兵器によるテロと判断し、PAM（解毒剤）や硫酸アトロピンの使用など、早期治療につながる助言、支援を行なった。

本事件の結果、特殊武器の防護技術に精通した第101化学防護隊（現・中央特殊武器防護隊）をはじめとする化学科部隊の重要性が広く認識された。

「地下鉄サリン事件」災害派遣（2）

命懸けの除染活動に従事して

化学学校技術教官（当時）中村勝美

1995（平成7）年3月20日午前8時過ぎ、東京都内の営団地下鉄駅3路線構内5か所で発生した「地下鉄サリン事件」は、日本のみならず、世界に衝撃を与えた出来事として20年以上経過した今でも記憶に新しい。

また、事件を起こした「オウム真理教」が姿かたちを変え、いま現在も布教活動を行なっている現実を見ると、彼らがなぜ事件を起こしたのか、それが日本社会にいかに大きな恐怖や不安を与えたのかなどを後世に語り継いでいかなければならないことも強く感じます。

ここではこの事件での災害派遣において、命懸けのサリン除染作業に従事した者の一人として、現場で何が行なわれていたかを明らかにします。

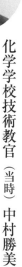

移動中の車内で現場対応を確認

事件当日は、飛び石連休の中日のため陸上自衛隊化学学校に出勤していた者は私を含めてごく少数でした。国旗掲揚（午前8時15分）後から方面隊などの化学幹部からアセトニトリルに関する問い合わせが立て続きに来て、事件発生を知りました。これは事件直後に「アセトニトリルが撒かれた」という情報が流れたためでした。ただ、テレビニュースが伝える被害者の症状は、化学兵器の一種である神経剤の典型的な症状でした。

化学学校は直ちに非常呼集により隊員を集めましたが、当時は携帯電話もなく呼集に手間どったと記憶しています。詳しい状況は不明ながらも、参集した隊員の中から私を含め幹部6人が化学幕僚として市ヶ谷駐屯地へ向かうこととなりました。

11時頃、移動中の車内で原因物質が「サリン」との警察発表を聞き、除染剤として次亜塩素酸カルシウム（さらし粉）よりも水酸化ナトリウムが効果的であること、これを5パーセント水溶液として使用することなどを確認し合いました。この場での検討が現場で役に立ったことは言うまでもありません。

市ヶ谷駐屯地に到着すると、第32普通科連隊では災害派遣要請を受けたなら、直ちに出動できるよう準備を進めている状況でした。

除染作業は、同連隊の5個隊と第101化学防護隊（大宮駐屯地）や第1師団、第12師団から派遣された化学防護小隊の協同により実施しましたが、基本的に作業準備を普通科が、除染を化学科が行なうこととし、連隊の5個隊にはそれぞれ化学学校から派遣された幹部が配置されました。

また、災害派遣部隊ではありませんが、武器補給処大宮支処が当方の要求に応え、除染剤の緊急調達・交付を行ないました。

除染剤を散布中の第101化学防護隊（日比谷線築地駅）

静まりかえった地下鉄車両とホーム

午後12時50分、東京都知事から災害派遣（除染作業）の要請が発せられると、私は中央区の築地駅に派遣される部隊に同行しました。

市ヶ谷から築地までの移動は警察車両の先導で向かうことになりましたが、ところが、事件発生にともなう通行規制などで、都内の道路は渋滞しており、先導のパトカーの市ヶ谷到着の遅れからすぐに出発できない事態が起こりました。さらに、ようやく出発したものの、移動間、パトカーの先導にもかかわらず、赤信号で停止したり、一般車両が隊列に割り込むなどで部隊の前進に支障をきたしました。その結果として、隊列から脱落してしまう車両があったほどです。

緊急時の車両行動訓練、自衛隊緊急車両に対する一般市民への啓蒙、車両操縦手の地理や道路事情の適宜把握などの準備はつねに必要だと思います。

築地駅に到着すると、小隊長に指示し行動を開始。戦闘用防護衣と呼ばれる化学防護衣の装着、携帯除染器に5パーセント水酸化ナトリウム水溶液を充填、除染作業の準備を完了させました。

除染の準備をするあいだ、駅構内のサリンによる汚染の範囲、状況を確認するため事前偵察をしましたが、無人で静まりかえった地下鉄車両、駅構内やホームの光景が不気味だったことを思い出します。とくにホームには被害者の吐血痕が生々しく残っており、サリンの毒性の強さを見せつけていました。ただ、除染の所要範囲が小さかったことは幸いだったと言えるかもしれません。

自らマスクを外して安全を確認

築地駅では、化学科部隊による除染、警視庁による現場の再確認、東京消防庁による除染後の水洗と作業分担し、30分程度で終了しましたが、除染完了後、すぐに駅が使用可能か?という駅員の問いに直面し、自らがマスクを外すという方法で安全確認することを決心しました。

マスクを外すという行為は、サリンの毒性、症状発現などを十分に承知していなければ、おいそれとできるものではありませんが、化学学校での教育、研究などで相応の知識を得ていたため、それほどの不安もなく安全確認することができました。ただ、上司から「蛮勇をふるうな」とたしなめられたことも事実です。

このあと、われわれ「築地派遣隊」は、後楽園駅、霞ヶ関駅で除染作業を行ない、23時過ぎに市ヶ谷駐屯地に帰隊しましたが、深夜にもかかわらず多くの隊員が温かく迎えてくれたことは望外の喜びでした。

除染後の水洗いを行なう隊員（丸ノ内線後楽園駅）

また、1人の負傷者を出すこともなく任務を終えることができ、本当によかったと思っています。

なお「築地派遣隊」の除染活動を記録した写真、映像は、報道各社に配信され、テレビ、新聞などで取り上げられ、国内はもちろん国外にも大きな広報効果をもたらしました。

「地下鉄サリン事件」での除染活動は陸上自衛隊にとって、さまざまな意味で大きな転換点でした。事件前までは化学科職種縮小論が言われるほど存在感が薄い職種でしたが、その後に発生した東海村核燃料加工施設の臨界事故や福島原発事故などのたびにその重要性が強く認識されてきました。

起きてはならないNBC（核・生物・化学）テロ・災害ですが、それらに対処し、被害局限が可能な、わが国唯一の組織が陸上自衛隊化学科職種・部隊であり、今後もこの機能拡充と能力向上に努めてもらいたいと思います。

「有珠山噴火」災害派遣

万全な態勢で「犠牲者ゼロ」を達成

北部方面総監部幕僚副長（当時）宗像久男

2014（平成26）年9月の御嶽山《おんたけさん》噴火に続き、口永良部島《くちのえらぶじま》や浅間山、霧島連山新燃岳《しんもえだけ》など、近年、火山活動とそれにともなう災害について関心が集まっています。

日本列島はいつ爆発してもおかしくない活火山が110個以上もあるといわれる火山列島ですが、長崎県の雲仙普賢岳《うんぜんふげんだけ》噴火（1991年）や御嶽山噴火にともなう災害派遣など、自衛隊と火山災害との関わりも長い歴史があります。

私は、北海道の有珠山《うすざん》が2000（平成12）年3月31日に噴火した際に、北部方面総監部の幕僚副長の職にあったことから、「現地対策本部」の自衛隊チーム指揮官として勤務しました（この災害派遣は4か月間の長期になったため、2人の幕僚副長が交代で勤務しました）。

初めて設置された「現地対策本部」

この「現地対策本部」は、1995（平成7）年の「阪神・淡路大震災」から得られた教訓をもとに改定された「災害対策基本法」により、情報の一元化や総理大臣の権限を強化するため、政府に設置される「非常災害派遣本部」の「現地対策本部」として有珠山噴火時に初めて設置されたものです。

本部長は、国土庁総括政務次官（当時）。そして関係省庁、自衛隊、警察、消防、北海道庁・近隣の関係市町村などのスタッフが一同に会して組織されました。

3月29日、気象庁が「有珠山が数日以内に噴火する可能性が高い」と発表するや、周辺市町村に「緊急避難指示」が発令され、災害派遣要請により、北部方面隊もただちに約60人の隊員が現地入りするなど、第7師団を中心に万全の救援態勢を整えました。

私も同日、札幌からヘリコプターで移動して、伊達市役所4階の「現地対策本部」に入りました。まず驚いたのは、市役所が耐震構造になっていないせいか、数分おきに起こる有感地震の多さでした。噴火までの2日間でふつうの人の一生分ぐらいの地震を体験したように記憶していますが、それもすぐに慣れ、揺れの大きさで直感的に震度を判断できるくらいになりました。

それでも、空いた時間に妻に「あとは頼む」と電話し、最悪の事態の場合、身の危険を覚悟したことも覚えています。

合い言葉は「犠牲者を出さない」

気象庁や地震学者の予測どおり、31日午後1時10分、有珠山外輪山の西側が噴火、その噴煙は午後2時には上空3000メートルに達しました。噴火前から万全の態勢をとっていた現地対策本部の合言葉は「犠牲者を出さない」でした。

噴火直後から対策本部も戦場と化しました。まず噴火口が判明したことによる避難区域の見直しです。関係者が1枚の地図の周りに頭を突き合わせるように集まり、避難区域を変更しました。何よりも火砕流の発生を最も恐れた処置でした。

直ちに住民の強制避難作戦が始まりました。当然、自衛隊の車両やヘリが大活躍しましたが、室蘭本線の車両や巡視艇まで活用して、無事避難対象区域内の住民を安全な場所に移動させることができました。

ほっと一息つく間もなく、直径にして最大20センチほどの火山弾が空から降ってくるような至近距離にあった洞爺湖温泉街に「『自宅を離れたくない』と避難を拒否している老人がいる」との情報が対策本部に入りました。対策本部で検討した結果、直ちに警察、消防、自衛隊をもって共同で救出作戦を実施することになりました。

その際に、対策本部の隣のブースに陣取っていた警察チームに向かって私が発した言葉（けっして「命令」ではありません）が「パトカー先導、消防隊員は自衛隊のAPC（装甲兵員輸送車）に乗車！」でした。

空から陸自ヘリが噴火の警戒と映像伝送装置で対策本部に実況放送するなか、決死の救出作戦を成功させました。数日後に、警戒網をくぐってペットの様子を見るため自宅に戻ったという住民の救出も行ないました。

さらには後日、立ち入り禁止区域内の養鶏や養殖ホタテの管理に加え、家族の一員としてペットの避難まで、災害時の対策案件になったのも有珠山噴火が初めてだったと思います。

被災者の要求により主任務が変化

人間の欲求とは不思議なものです。どんな災害でも同様だと思いますが、災害発生時とその直後は、まず「命」、危険から逃れることです。まさに飲まず食わずでも安全に避難することから始まります。

そして身の安全が確保されると、必要とされるのは「水」そして「食料」、次いで「寝る場所」となります。「食料」も最初はただ食べられるだけでありがたかったものが、次第に「温かいものが食べたい」「味噌汁が欲しい」となります。2、3日も経つと、「風呂」に入りたくなります。日本人の特性でしょう。そして1週間も過ぎると、「プライバシー」の要求です。体育館のような公共場所に雑魚寝《ざこね》するのはおおむね1週間が限度でなのでしょう。

これらが、順を追って避難した住民に対する自衛隊の災害派遣活動の主任務となったことは言うまでもありません。

さらに自分の身が落ち着くと、着の身着のままで飛び出してきたわが家や、残して来た家畜や農地などが心配になり、「何とかならないか」との要求になります。当初は避難地域の上空からそれぞれの地区や家屋の映像を撮影し、避難所でのビデオ上映で足りていたものが、やがて「この目で確かめたい」との要望に変わり、「一時帰宅」となります。

被害により居住不能になった家屋からの家財道具運搬の依頼もあり、災害派遣の三原則（緊急性、公共性、非代替性）の一つである「公共性」に合致するか否かを十分検討した結果として最小限実施したこともありました。

犠牲者を1人も出すことなく災害派遣任務を終えて撤収する自衛隊

最も大切な関係機関や自治体との「連携」

有珠山噴火のような「予測できた災害」だったからこそ、万全な態勢で先手を打って迅速に対応できたため「犠牲者ゼロ」を達成できたと言えるかもしれませんが、現地対策本部内で被災者の要望を最優先し、関係諸機関のそれぞれの垣根を越えた「連携」が、スムーズな救援・支援活動を実施できた原動力だったと考えております。

今では、その重要性が広く認識されている防災関係諸機関との「連携」の細部ついては、現地対策本部長だった増田敏男国土庁総括政務次官が後日、出版された『三日で解決せよ―有珠山噴火現地対策本部長奮闘記』（時事通信社）に紹介されています。

個人的にも、この時の経験がのちの自衛官人生で関わることになった「中越地震」「岩手・宮城内陸地震」などへの災害派遣や、東北方面隊が主催した震災対処演習「みちのくアラート2008」の実施にたいへん役に立ったことを付け加えておきたいと思います。

「有珠山噴火」災害派遣の概要

2000（平成12）年3月31日、北海道の有珠山が噴火し、最大で1万5815人が避難指示・勧告の対象になったが、噴火前に迅速な避難が行なわれたことなどにより人的被害はなかった。その後、火山の活動状況を見ながら順次、避難指示・勧告は解除され、7月28日には、202世帯378人を除き避難指示・勧告は解除された。

しかし、電気、水道、電話、下水道、道路、鉄道、文教施設などが火山噴火による地殻変動や泥流によって大きな被害を受け、有珠山の西側に位置する虻田町を中心に、停電、断水、下水処理が不能になるなどの被害を受けた。また、道央自動車道・一般国道、鉄道なども長期間の通行止め・運休を余儀なくされた。

自衛隊の災害派遣は、派遣期間約4か月間（3月29日～7月24日まで）、派遣規模は、延べ人員約9万8000人、車両3万7000両に及び、主な活動は避難住民の輸送、人命救助、給食、給水、火山活動の監視・観測支援、被災住民に対する映像提供など多岐にわたった。

「東日本大震災」災害派遣（1）

自衛隊の組織力を遺憾なく発揮

東北方面総監部防衛部長（当時）冨井 稔

2011（平成23）年3月11日――未曾有の震災が起きた当時、私は東北方面総監部に勤務（防衛部長）していた。あの時「来たか」と直感したが、心中は不思議と落ち着いていた。というのは、以前から宮城県沖地震の発生確率は「30年以内に90パーセント以上」とされ、いつ発生してもおかしくない状況であるとの認識が共有されており、震災対処実動訓練「みちのくアラート」をはじめ、さまざまな防災計画や訓練を積み重ねていたからである。しかし、その規模は想定された程度の地震ではなく、はるか千年以上も前の貞観地震《じょうがんじしん》に匹敵する規模であることは知る由もなかった。

緊急偵察に飛び立った方面航空隊のヘリから伝送されてくる、大きな津波が仙台以南にも押し寄せてきている映像を見て、これは大変なことになったと感得《かんとく》した。宮城県沖地震の被害想定では仙台以北に大きな被害が発生することが前提となっていたからである。

いかに部隊の活動基盤を確保するか？

総監部はすぐさま災害派遣の準備に動き出した。私の仕事は防衛部長として速やかに計画を修正し、また増援部隊をいかに展開させるかが、当面の焦点となった。この際、東部方面総監部防衛課長の経験（東海地震対処における部隊運用の計画立案）と、前職の宮城地方協力本部長（宮城県内および東北地域の部外との連絡・協力体制の推進や地理の理解）の経験を活かすことができた。

一刻を争う人命救助、そのためには各部隊が活動できる基盤を早期に確立することが必要と判断し、各部隊の拠点・担任地域を決めていった。

宮城県、福島県には多くの駐屯地、演習場があるが、数万人規模の部隊を収容する施設、地積は限られている。移動中の増援部隊には中間目標としての前進目標を示し、その間、総務部地域連絡調整課を窓口として、各自治体などに調整を行ない、展開地域を確保することに努めた。

震災のわずか４か月前（２０１０年11月）、東北方面総監部は翌年10月実施予定の実動防災訓練に向けて、指揮所訓練を実施していた。この訓練の成果を踏まえ、計画を修正した直後であったこと、3月の定期異動前で人員の入れ替わりがなく、海自・空自の連絡幹部なども指揮所訓練の参加者が派

腰まで水につかりながら行方不明者を捜索する自衛官

遣されたことなど、迅速な初動ができた要因であると思う。

また即応予備自衛官・予備自衛官を制度施行以来初めて実任務のために招集したが、これも手続き上の処置が明らかにされており、迅速に実行することができた。

災害派遣では、関係諸機関との連携が不可欠である。このため方面隊では通信事業者各社と災害時の援助協定を結んでいた。

地震と津波の被害で、予期せぬ施設の損傷や大規模停電などにより、携帯電話基地局の機能が停止、通話ができない状況となった。直ちに協定に基づき、通信基地局の復旧に協力した。

通信機能の回復は、救助活動のみならず、被災地域住民が家族・知人の安否確認するのにも寄与したものと思う。また国土交通省東北地方整備局とは防災訓練を通じて連携を保持しており、とくに行方不明者の捜索では、津波で水没した地域の排水作業を迅速に行なうことができた。

自衛隊はもとより、それぞれの組織は人事管理や人材育成ため、職員の異動が定期的に行なわれる。諸機関との相互連携を維持するために、日頃の協力関係の構築や訓練を積み重ねることがきわめて重要と改めて認識した。

参加できない同僚隊員の思いを胸に

東日本大震災の災害派遣では、ピーク時、陸海空自衛隊合わせて約10万7千人規模の隊員が活動したが、一方で、本来の警戒監視任務や駐屯地・基地機能維持のため災害派遣には参加できず、もどかしい思いを胸に、黙々と通常任務につく隊員も多かった。ぜひ参加させて欲しいと上司に直談判したという話も聞こえてきた。

そのような同僚隊員の気持ちを思い、災害派遣の現場に赴いた隊員は、厳しい環境にもかかわらず、誰一人、不平を漏らすことなく、それぞれの持ち場で精いっぱい活動してくれた。

それぞれの役割を担い、やるべきことを確実に行なうことがわれわれの任務においては重要であり、あらためて自衛隊組織の強さを感じた。

有効に対処できるわれわれの組織力

この災害派遣において、東北方面総監部の人員規模は他方面隊などからの応援を受けて、通常の3倍以上というきわめて大きな組織になった。

自衛隊史上初めての統合任務部隊の編成、宮城県、福島県に設置された政府現地対策本部との連絡・調整、行政・自治体諸機関に対する支援と連携、米軍の支援（トモダチ作戦）、原子力災害派遣など、まったく初めてのことの連続だった。

救援活動内容の変化にともない逐次組織を見直したが、統合任務部隊指揮官（東北方面総監）君塚栄治陸将の「すべては被災された方々のために」との指示のもと、各部署が連携を図り、一丸となって任務にあたることができ、自衛隊の組織力が遺憾なく発揮されたものと思う。

その背景には、この事態に対応できるのはわれわれしかいない、という強い共通の使命感があったからだと思う。隊員一人ひとりの献身的な行動にあらためて感謝したいと思う。

２０１５年（２０１５（平成27）年）年12月、震災時、統合任務部隊指揮官であった君塚栄治第33代陸上幕僚長が逝去（享年63）されたのは、本当に残念でなりません。謹んでご冥福をお祈り申し上げます。

「東日本大震災」災害派遣の概要

２０１１（平成23）年３月11日14時46分、宮城県牡鹿半島の東南東沖１３０キロを震源とする「東北地方太平洋沖地震」（日本周辺における観測史上最大の地震となるマグニチュード９・０）が発生した。これにより、東日本の太洋側を中心に最大遡上高40メートルに及ぶ巨大な津波も発生し、液状化現象、地盤沈下、ダムの決壊なども併せて各種インフラが寸断されるなど壊滅的な被害に拡大した。

その結果、死者１万５８９７人、行方不明者２５３４人（２０１８年12月10日現在）、全壊・半壊は合わせて40万２７０４戸、震災発生直後のピーク時の避難者は40万人以上、停電世帯は８００万戸以上、断水世帯は１８０万戸以上に及びました。

また、東京電力福島第１原子力発電所の炉心溶融（メルトダウン）が発生し、大量の放射性物質の漏洩をともなう重大な原子力事故に発展しました。

自衛隊は、東北方面総監を指揮官とする陸・海・空各部隊の統合任務部隊（ＪＴＦ）を編成して各種活動を実施した。その概要は、大規模震災災害派遣については派遣期間１７４日間（８月31日まで）、人命救助、ご遺体収容、物資輸送、給水・給食・入浴支援など、原子力災害派遣については、派遣期間２９１日（12月26日まで）、原発への空中放水、地上放水、ご遺体収容などを実施した。派遣規模は、延べ派遣人員１０６６万人、航空機５万１７９機、艦艇４８１８機に及んだ（個々の部隊の活動などの概要は、それぞれの回想を参照して下さい）。

「東日本大震災」災害派遣（2）

郷土部隊としての矜持を堅持し活動

第6師団長（当時）久納雄二

２０１１（平成23）年３月11日、第６師団司令部が所在する山形県東根《ひがしね》市の神町《じんまち》駐屯地は、前日から降り続く雪に見舞われていました。14時46分、突然の激しい揺れを感じた直後から、隊員はそれぞれの部署につき、情報収集を開始しました。未曾有の災害派遣活動の始まりです。

第６師団は、山形、宮城、福島県に隷下各部隊が所在し、師団所属の隊員の約８割がこの３県出身の典型的な郷土部隊です。

東日本大震災での災害派遣は、人命救助、行方不明者捜索、被災者への民生支援および被災地域の復旧支援と、広範多岐かつ長期間にわたるものでした。また、福島県では原子力発電所事故による影響も加わり、大きな制約下での活動となりました。

「郷土とともに」を合言葉に困難に立ち向かった9か月あまりでした。

「旗を先頭に前進せよ、旗の下で活動せよ」

災害発生当初の活動は不眠不休の人命救助が続きました。被害の情報収集をしながら、人命最優先に奮闘しました。しかし現場では、誰もがこれまで経験したことのない想像を絶する状況が展開されていたのです。それは日を増すごとに、より悲惨な様相に変化していきました。

毎日このようななかで活動していると、当初は一心不乱で活動し、悲しんだり嘆く暇さえなく抑えられていた隊員の心が、時間の経過とともに大きくなる精神的負担に反応して悲鳴をあげてきます。

そこで、のちに発症が心配される神経症を予防するため、隊員に「解除ミーティング」を励行《れいこう》させました。毎日の活動終了後、天幕に戻った仲間同士で、つらいと思った気持ちを互いに語り合わせました。心の叫びを内に溜めさせないようにしたのです。

これは、同じ環境で一緒に活動している仲間同士の連帯感と気持ちの共有があってこそできる予防策であり、現場を知る者同士でしかできないものでした。さらに戦力回復のため、駐屯地に一時帰隊した隊員にも継続させました。

また、部隊の士気高揚と団結強化のため、師団は旗の活用に着意しました。隷下各部隊につねに「旗を先頭に前進せよ、旗の下で活動せよ」と督励《とくれい》しました。悲惨な現場を目にしたり、放射線の恐

地震発生1か月後の４月11日に行なわれた慰霊式（絵画）

怖を意識した時にはきわめて効果的でした。

隷下部隊が活動中の場所には、必ずそれぞれの部隊旗がはためき、隊員たちを勇気づけ、闘志と組織力を発揮させるとともに、さらには部隊の威信とプレゼンスを示すことができたのです。

この象徴的な一場面を描いた絵画が、今も部隊に飾られています。

手作り風呂と方言での声がけ

派遣時は寒い時期でしたので、民生支援活動では、とくにお湯の提供に努めました。ペットボトルの飲料水が安定供給されるようになると、徐々にですが、洗顔や部分洗髪用にお湯を提供することができるようになってきました。それだけでもなかなか入浴ができなかった避難者からは大変好評でした。その後、炊き出しの調理以外の時間には、部隊が装備する炊事器材を

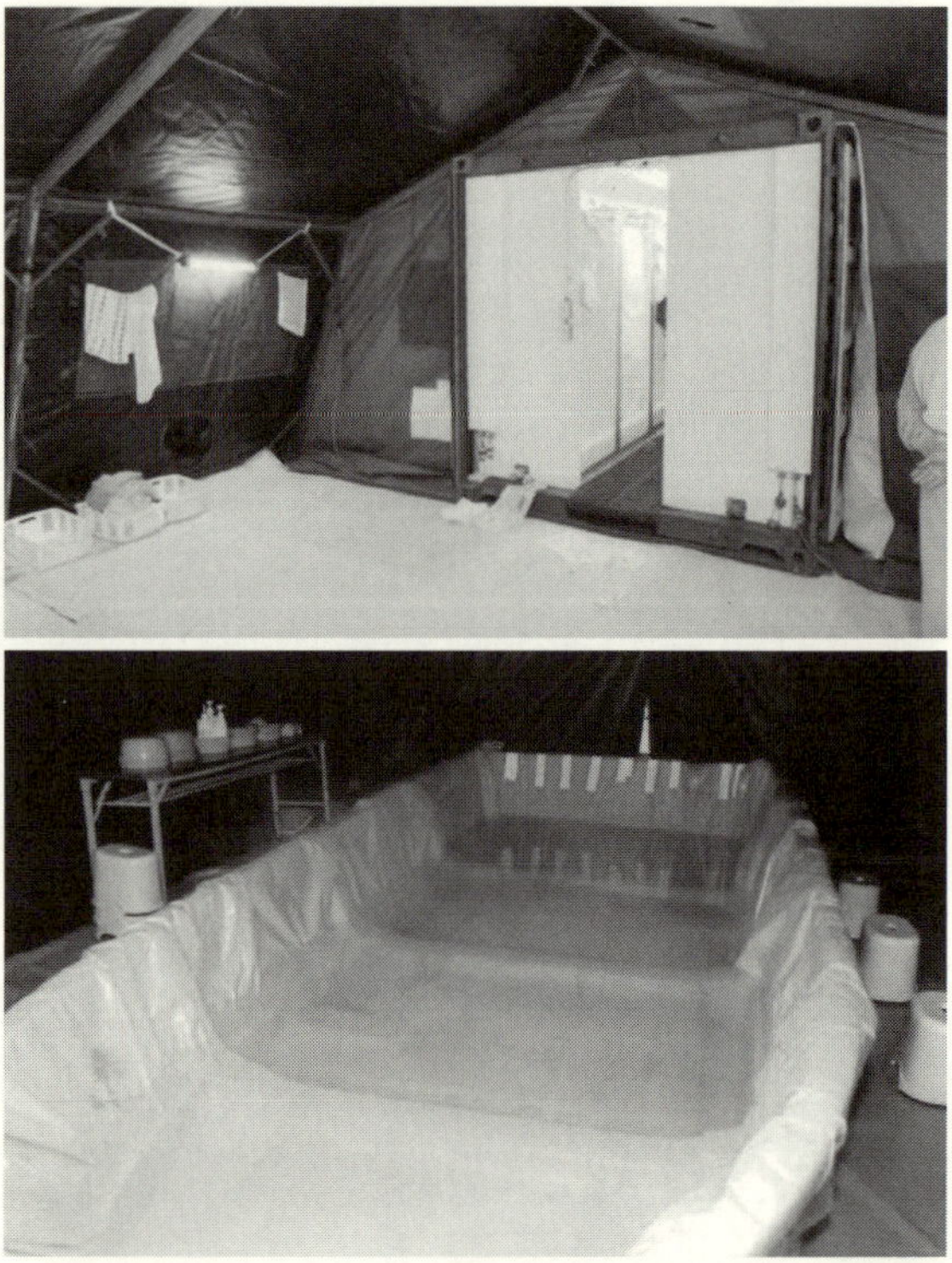
津波で流されたボートを浴槽代わりにした手作りの簡易風呂を天幕内（写真上）に設置し住民に喜ばれる。

総動員し、お湯を用意したのです。

また、入浴支援では専用の野外入浴セットの代用として、津波で漂着したボートを天幕内に据え付け、その内側にビニールシートを張って浴槽に仕立て、手作りの簡易風呂「○○の湯」を設置したところもありました。この設営や運営にあたった隊員たちは、てんてこ舞いだったようですが、利用した子供たちからの笑い声が聞こえると、疲れも吹き飛び人々の役に立っているのを実感したようです。

さらに、入浴所の出入り口や休憩所では、女性自衛官たちが利用者に当地の方言で声がけするようにしました。とりわけ、ご年配の方には、被災したつらい気持ちを伝えられる話し相手になったようです。多くの利用者から「ありがとう」というねぎらいの言葉をいただきました。

このほか、いろいろな場面で被災住民と接する際は積極的に方言での声がけをしました。

放射線の恐怖と戦いながら

福島第一原発事故で、周辺地域は住民が避難した街が無人化しました。そこでは2か月もすると、残された家畜が野生化し、食糧不足から家畜同士が共食いする状況も起こっていました。

そのような状況下での行方不明者の捜索活動は困難をきわめました。放射線量を測定し、余震と津波の再来、原発の事故拡大などを想定しての迅速な避難の態勢をとりながらの行動でした。

警戒区域内（原発20キロ圏内）で活動するためには、防護衣、防護マスクおよびゴーグルを着用し、さらにこれらの隙間をテーピングして、外気からの完全な遮断が必要でした。

隊員の生理現象も考慮し、活動は1人1回2時間、1日4時間以内とされました。区域外で防護衣着用などの準備をし、捜索現場までの移動時間を加えると、隊員にかかる精神的かつ体力的な負担は相当なものでしたが、各部隊は一木一草を掻き分け、徹底的に捜索活動を実施していきました。

ここでも旗の下で、隊員の士気は衰えるどころか、高まるばかりでした。放射線の恐怖を意識しながらも、互いに切磋琢磨しながら活動したのです。

第6師団は、震災の最も被害が大きかった地域を担任し、隷下部隊が被災しながらも災害発生直後から出動しました。多くの困難に直面しつつも任務を全《まっと》うできたことは、郷土部隊としての誇りとなりました。

今なお折々に行方不明者の捜索が継続されており、復興も半ばを思うと、あらためて被害の大きさを思い知らされます。犠牲になられた方々のご冥福を心よりお祈りいたします。

第6師団の災害派遣の概要

第6師団は地震発生翌日の3月12日、指揮所を仙台駐屯地に開設し、情報活動および人命救助活動を実施。3月下旬までに順次第12旅団、第10師団、第4師団、第14旅団、第13旅団、第5旅団に宮城県、福島県の活動地域を申し送り、部隊交代による指揮転移を完了。その間、師団全力を宮城県石巻市~仙台市に集中して、海・空自衛隊、米軍および全国から派遣された民生支援部隊とともに活動。

5月初旬、宮城県で活動していた第44普通科連隊および第6特科連隊を福島第1原発近傍の警戒区域内における行方不明者捜索のため、福島県に転用。5月中旬以降、他師団などの撤収による態勢移行により、宮城県および福島県全域に再展開して活動を継続。

8月1日に宮城県から撤収し、8月31日をもって174日間にわたる大規模災害派遣を終了。引き続き、原子力防災派遣により福島県の除染支援および民生支援活動を継続し、2011年12月26日をもって291日間にわたるすべての活動を終了した。

「東日本大震災」災害派遣（3）

「Jヴィレッジへ前進し、現場の指揮を執れ！」

福島原発対処現地調整所長・中央即応集団副司令官（当時）
北部方面総監　陸将　田浦正人

2011（平成23）年3月18日、中央即応集団司令官（当時）宮島俊信陸将から「Jヴィレッジに前進し、現場の指揮を執れ！」との命令がありました。これが、Jヴィレッジに設置された現地調整所における戦いの始まりでした。

当時、私は東京電力福島第1原発の南方約20キロに位置するJヴィレッジ（日本サッカーのナショナルトレーニングセンター）に設置された原発事故対処のための現地調整所長として現場の指揮を執りました。本稿では、最悪の原子力緊急事態の現場で隊員たちがいかに奮闘したかに焦点をあてて紹介したいと思います。

調整メカニズムの構築

私が現地調整所長になったその時点で、すでに3月17日と18日に各1回、自衛隊の部隊、機材による原子炉冷却のための放水が実施されており、Jヴィレッジでは東京電力、消防庁、自衛隊などが相互に調整しながら必死の対応を継続していました。

実は、この「相互に調整しながら」というのが曲者《くせもの》で、17日の時点ですでに調整メカニズムの必要性について東京の災害対策本部、市ヶ谷の防衛省、福島県庁のオフサイトセンターなどあらゆるところで議論されていました。

その結果、20日に原子力災害対策本部長（菅直人内閣総理大臣〔当時〕）からの指示で、現地調整所がJヴィレッジ内のレストランを使用していた自衛隊の指揮所内に設けられ、東京電力、原子力安全・保安院、消防庁、自衛隊の主要組織による調整が始まりました。各組織とも原発事故を収束させ、被害拡大の防止するという一つの目標に向かって本当によく協力してくれました。

「放水冷却隊」の勇者たち

自衛隊では、17日の大型ヘリコプター2機による4回にわたる空中放水に引き続き、消防車による地上放水が主たる作戦となりました。

この任務にあたった「放水冷却隊」は全国にある陸海空の自衛隊基地・駐屯地の航空基地消防隊か

ら消防車単位で動員して集まった、いわば急造の寄せ集め部隊でした。

皆、白い防護服で全身を覆っていることもあり、名前も顔も階級も、はたまた陸海空の区別もつかず、「お前は誰だ？」「どこの所属だ？」という状態でした。

通常なら、自衛隊は部隊単位で錬成訓練を重ねた上で作戦に臨むわけですが、あの時は、そのようなわけにはいきませんでした。その代わり、各隊員には「使命感」という共通の見えない力が働いていたと思います。

全国から集まった12両の陸海空自衛隊の消防車は、通常は乗員3人で運用しますが、被曝線量を最小限にとどめたいこと、また事態の長期化を予期し、要員を多く確保しておきたいことから、「出撃」（当時、放水作業を実施することをこう呼称していました）の際は乗員2人で運用することにしました。すると「出撃」前には、各車が3人の中で残る1人を誰にするか、なかなか決まらないことがありました。

先任者の班長が自ら「おれが行くので、もう1人は○○3曹頼む」と人選すると、「だめです。班長は残って下さい。何かあったら新婚の奥さんに合わせる顔がありません」と部下たちが抵抗したり、またほかの車両では「どうせ行くなら、親も彼女もいない天涯孤独の自分が行きます」と、毅然とした態度ですすんで手を挙げた若い三曹もいました。

このように、隊員たちは気負うこともなく、淡々と「出撃」して行きました。私はそのたびにJヴィレッジの発進点で隊員たちを見送りました。

隊員は、放射線を通しにくいタングステンシートを操縦席内に張りつけた消防車に乗り込み、白い防護服の上に鉛のベストを装着し、フルフェイスの防護マスクをかぶって発進していきましたが、私に敬礼したあと、ガッツポーズや親指を立てて意気込みを示す者など、それぞれに任務にかける覚悟を見せてくれました。あの時ほど、彼らに頭が下がったことはありません。

過酷な放水作戦

「放水冷却隊」は化学防護車を先頭に、亀裂や段差の激しい損傷した道を発電所まで約1時間かけて前進し、化学防護車2両が原子炉の前で放射線量の測定や状況偵察をします。この安全確認後、後方に待機していた消防車が1両ずつ前進し、交代しながら燃料プールめがけて5～10トンの水を噴射しました。

放水はものの数分で終了しますが、予測もつかない状況下での危険な作業であり、放射線量管理には万全を期した結果、本作戦における被曝量は十分に安全な範囲にとどまっていました。

1回の「出撃」が終わると、再び1時間かけてJヴィレッジまで戻ってきますが、その後、乗員の線量を測定し、衛生やメンタルヘルスの専門家の問診を受け、次の行動に備え、消防車の燃料、水槽を満タンにします。この一連の作業で、1回の「出撃」の所要は8時間かかりました。

高い放射線量のなか実施された「放水冷却隊」の消防車による放水。計336トンの水を原子炉の燃料プールに放水した。

極度の緊張と防護服、鉛ベスト、マスクの着用などによる熱中症が隊員たちの体力をすり減らしていきました。実際、3月20日は1日に2回「出撃」し、時間的にも精神的、肉体的にも明らかに限界でしたが、隊員たちは不満をもらすこともなく、実によくやってくれました。

3月17日～21日のあいだ、延べ5回336トンの水を原子炉の燃料プールに放水しました。

その後、いつ「出撃」するかわからない緊張状態のなか、43日間待機を継続し、ようやく5月3日に待機が解除され、任務完遂、無事帰還することができました。

原発事故対処の災害派遣において、一人の犠牲者も出さずにすんだのは、先輩たちが築き上げられた自衛隊の躾《しつけ》、文化の素晴らしい伝統と成果のおかげであると考えています。

また何よりも、共通した「使命感」のもと、自らの危険を顧みることなく献身的に活動してくれた陸海空の隊員たちに心から感謝しています。

福島県における原子力災害と災害派遣の概要

2011年3月11日午後4時半頃、福島県第1・第2原発において原子炉内の水位が確認不能となり、放射性物質が原発施設の敷地外に異常な水準で放出されるおそれが生じたため、政府は原子力緊急事態宣言を発表した。

自衛隊は、同日午後7時半頃、原子力災害対策本部長からの派遣要請を受け、これまで実施していた震災・津波災害に対する災害派遣に加え、原子力災害派遣活動を開始。これは、1999(平成11)年度の原子力災害派遣制度創設以降、初めての活動だった。

自衛隊は、同日中に、中央即応集団の専門部隊を東北地方に派遣するとともに、14日からは専門部隊を中核とする原子力対処部隊を編成し、原発への空中・地上放水、放射線量のモニタリング支援、機動路啓開《けいかい》支援、行方不明者捜索などを実施した。

その派遣規模は、人員延べ約8万人であり、原発に対する放水量は合計約370トンにのぼった。

「東日本大震災」災害派遣（4）

迅速に物資を被災地に送り込む

中部航空方面隊司令官（当時）渡邊至之

東日本大震災の発生時、私は入間基地（埼玉県）の中部航空方面隊（以下、中空）司令部庁舎内にいた。かなり大きな揺れが収まるとすぐに、その震源地や地震の規模を確認すべく、テレビのスイッチを入れた。いつもは揺れから1、2分後に流れてくる地震情報のテロップが、あの時は画面が現れた瞬間、すでに流れていた。

それにより遠隔地における相当大規模な地震では、と直感した私は「宮城県沖」「マグニチュード8・8」「震度7」を読み取るや防衛部に駆けつけ、方面隊指揮所の開設を命じた。

中空司令部における初動

災害発生から約10分後には指揮所の開設を完了し、所要の人員がそれぞれの部署に就いていた。初動の中心活動は、まず情報収集である。あらかじめ発進準備を命じておいた百里（茨城県）、小松（石川県）両基地の警戒待機（アラート）編隊に指揮所開設と同時に緊急発進（スクランブル）を命じた。

百里の編隊には太平洋岸の被害状況および津波に関する情報を、小松の編隊には内陸部の地上被害に関する情報を収集するよう指示した。

指揮所内では被害状況の把握のため、スタッフが慌ただしく隷下部隊や上級司令部と連絡を取り合うとともに、すでに災害派遣部隊の編成準備を始めていた。

刻々と判明する被害状況

飛行運用に直接関わる隷下部隊で、被害が予想された福島県の大滝根《おおたきね》レーダーサイトは電波を出せない状況に陥っていた。しかし、幸いにも岩手県、千葉県の隣接レーダーサイトが正常に機能していたため、飛行運用への影響は最小限にとどまった。

また、百里基地は滑走路に被害がなく、商用電源が止まったものの、自前の発電機による電力で必要最小限の飛行場機能を維持していた。

おかげでスクランブル機の発進と、地震発生時に飛行訓練中であった十数機の着陸を支障なく実施できた。また、成田、羽田両空港の滑走路閉鎖で行き場を失いかけた2機の民間航空機の受け入れも遅滞なく実施できた。

災害発生から40分後、隷下部隊の状況をほぼ把握し終わったころ、テレビの画面に信じがたい映像が流れ始めた。大津波の襲来である。これまでの津波のイメージを覆す、沿岸に押し寄せる長大な白い波頭と、あらゆるものを押し流しながら地表を覆っていく黒い濁流の光景であった。

私自身、リアルタイムでそのような津波を目にしたのは初めてであった。1978（昭和53）年の宮城県沖地震（マグニチュード7級・震度5）を松島基地で実際に体験し、1983（昭和58）年の日本海中部地震（マグニチュード7級）では戦闘機で直接、津波観測を行なったが、ライン状に白波を立てて海岸線に向かってくる津波を見ることはなかった。

ヘリコプターのカメラから送られてくる生々しい映像を見て、これまで経験したことがない甚大な津波被害は想像に難くなかった。

次に、発生から約1時間10分後には、航空教育集団隷下の宮城県の松島基地水没の情報が入ってきた。被災地域における空自災害派遣の拠点となるべき松島基地の機能喪失は、その後の活動の優先順位を大きく左右するものとなった。

さらに追い打ちをかけるように、17時過ぎには、福島第1原発で原子炉冷却用発電機停止の第1報が入り、こちらへの至急の対応も迫られる事態となった。

災害派遣初動の方針

空自の災害派遣は、それまで航空偵察、航空救難および航空輸送が主体で、陸上における人命救助、行方不明者の捜索や被害復旧、被災者の生活支援などは状況に応じて実施してきた。しかし、今回は可能な限り迅速に、かつ多くの人員、機材や物資を被災地に送り込むのが必要なことは明白であった。

夕刻、私は初動の方針を明示し、中空の本格的な災害派遣活動が開始した。それは、①最初の3日間、全力をもって生存者の捜索・救助、②松島基地の復旧と飛行場機能の早期回復、③福島原発事故の被害局限を3本柱として、直ちに関係各所へ連絡要員を派遣し、さらなる情報収集と連携強化を図った。

発生当日の夕刻から翌朝にかけて、報道などにより東北および関東北部地域の被災状況の深刻さが判明していくなか、新たな事態が発生した。

その第一は、福島原発の原子炉冷却機能喪失と放射能拡散の可能性であった。最悪のメルトダウンを想定せざるを得ず、原子炉冷却と住民避難に対応する中空の行動の緊急性が一気に高まった。

第二は、群発地震エリアの拡大であった。東北地方の震度5~6程度の余震は想定していたが、午前4時頃から上越・甲信地方で最大で震度6強の地震が頻発するようになり、そちらの状況からも目が離せなくなった。

被災地に向けてC-1輸送機に救援物資を積み込む。

動き始めた災害派遣活動

入間基地などにおいて、夜を徹して救援物資や食料の集積が行なわれた。翌朝、松島基地へ向け先陣を切ったのは、被害復旧用の各種機材を装備した中空施設隊の作業隊であった。道路状況が不明ななかで出発させたが、予想どおり路上の障害物などをブルドーザーで自ら取り除きながらの現地進出となった。

これらの動きを皮切りに、中空の松島基地を中心とした被害復旧・災害派遣活動は、逐次強化されていった。松島基地の隊員ならびに支援要員の懸命の努力により、被災から1週間後には飛行場機能をほぼ回復し、その後の地域の災害派遣拠点として復活したのである。

災害発生から9日後、視察と激励のため松島基地を訪れた私は、手洗いで隣り合った若い隊員に「毎日大変だろう」と声をかけた。「はい、大変です。でも、やりがいがあります」と笑顔で元気よく返ってきた言葉に、その後の活動を彼らに安心して託すことができると確信した。

東日本大震災における航空自衛隊の災害派遣の概要

東日本大震災時の航空自衛隊の災害派遣活動は、災害発生当日から8月末の撤収命令までの約半年間、延べ5万数千名を派遣するという空自史上最大規模のものだった。

空自は、統合任務部隊の一部として、その機能と能力を発揮して活動を実施した。とくに各種航空機による捜索救助をはじめ、支援物資の輸送、医療、給水・給食、燃料供給など被災者に対する生活支援を中心に活動した。

「東日本大震災」災害派遣（5）

東日本大震災に見た隊員の強さと優しさ

第4海災部隊指揮官・掃海隊群司令（当時）福本 出

空前の被害をもたらした東日本大震災以降も、わが国では熊本地震、御嶽山火山噴火、西日本水害、北海道地震など、毎年、大規模な自然災害が発生し、そのたびに多くの自衛隊員が災害派遣に従事している。それらのニュース映像の端々に映る隊員を見るにつけ、東日本大震災で救援・支援活動に従事した隊員たちの姿が脳裏に重なって見える。

彼らは、家庭にあってはごく平凡な夫や父であり、妻や母であり、あるいは、つい昨日まで世話のやける高校生だった息子や娘たちだ。未曾有の災害に立ち向かった隊員たちの姿を振り返る時、私はいつも、派遣を通じて大きく成長した1人の海士長のことを思い出す。

数多くのご遺体を海中から発見、収容した掃海隊群司令部水中処分班のK士長は、出動の約1か月前に第1術科学校の水中処分課程を修業し、着任したばかりの新米隊員だった。

ここからは彼のことをお伝えしたい。

捜索現場は戦場の様相

戦場のような捜索現場での活動開始から1週間。K士長は捜索に加わることができず処分艇（ゴムボート）の上で、先輩たちに指示されながら、犠牲者のご遺体をボディバッグに収めていた。

これまで死んだ人を見た経験は、小さい頃に葬式で見た祖父の姿だけだ。それもただ眠っているように穏やかな姿だった。

けれども、水死体で発見収容されるご遺体は、まったく違った。初めて発見した時は、人間ではなく、海に浮かぶ布団か何かだと思った。長時間海水に洗われたためか、着衣も毛髪もなく、肌色は失われ、漂白したかのように真っ白だった。体内に発生したガスで、人の体がここまで膨らむものかと、信じられないほど異常に膨満し、眼窩はえぐられ、ところどころ白骨も露出している。

ボートに引き上げたとたんに崩れて、腐乱した肉片や内臓が散乱した時は、思わず嘔吐してしまった。体に異臭が染みつき、船に戻ってシャワーを浴びても浴びても取れた気がしない。ベッドに入って目を閉じれば、昼間見たご遺体が瞼に浮かんできて、ほとんど眠れない日々が続いていた。

新米隊員の苦悩の日々

夜が明ければまた捜索が始まる。小さな掃海艇といえども、沿岸部に近づくには限界があり、処分艇に乗り換え、パドル（櫂）でかき分けて湾の奥まで進み、ご遺体を見つけるのは水中処分員（EOD）にしかできない仕事だった。先輩たちは、まったく怯《ひる》む気配もない。

行方不明者を捜索する海上自衛官（陸前高田市）

K士長は行かねばならないことを頭ではわかっていても、怖くて足がすくむばかりだった。水中視界はほぼゼロに近い。汚濁した海中に潜っても、バディと呼ばれる相方の先輩はおろか、自分の手先すら見えない。そんな海中での捜索はまさに手探りなのだ。

何かが指先に当たるたびにドキッとして呼吸が荒くなる。ボートに上がると、ボンベの空気残量が先輩よりずっと少ない。潜水指揮官は、これ以上K士長が潜ることに危険を感じ、船上作業員に指定したのだ。

先輩隊員に学んだプロ意識

そんなある日の夜、翌日の作業確認のため潜水員待機室に行くと、先任伍長でもあるマスターダイバーが捜索計画を立てていた。

先任伍長は、K士長を見ると、「まぁ座れ」と言って、冷蔵庫から出した缶コーヒーを勧めながら自分の経験を話し始めた。

「おれたちはこれまでも事故や災害の捜索などのたびに、幾人ものご遺体に接してきた。おれも最初は怖いと思った。目の前に突然ご遺体が現れた瞬間、海中でパニックになりそうになったこともある。けれども、ある日気づいたのだ。どんなに変わり果てようが、この仏さんは誰かの親父やおふくろ、息子や娘なのだと。家族が探したくても、それはおれたちにしかできないのだと。それ以来、おれはご遺体を見つけたら、触れる前にまず手を合わせる。そして『お待たせしました。寒かったでしょう。怖かったでしょう。もうすぐ帰れますよ』と心の中で唱えるようになった……」。

K士長は、冷たくなった祖父に涙した自分を思い出し、ご遺体を怖いと思った自分が情けなくなった。そして、夜が明けたら一刻も早く現場に行こうと思った。

翌日、潜水員たちは、K士長の顔つきが変わったことに気づいた。

本当の強さと優しさとは

津波に破壊し尽くされた捜索現場は、構造物の崩壊、汚濁海水による感染症罹患《りかん》など、多くの危険がともなう困難なものであった。にもかかわらず、隊員たちは疲れも見せず、危険をものともせず黙々と現場に立ち向かった。そして、船に戻り、機材の整備をしながら涙を浮かべていた姿も知っている。犠牲者の家族を思う彼らは、あくまで強く、そして優しかった。

戦争を知らない自衛官が、果たして一朝ことある時、勇敢に戦えるのか？

海自幹部学校で長年、精神教育の一環として武士道の講義をお願いしている菅野覚明先生は「武士道の神髄は強さと優しさが表裏一体になっている姿である」と説かれた。

国を愛する心は、他者への優しさから生まれる。私は未曾有の災害に立ち向かった隊員たちに、真の強さを秘めた「武士道精神」を見たように思っている。

「東日本大震災」海上自衛隊の災害派遣の概要

海上自衛隊は、災害発生10分後にP－3C哨戒機およびSH－60J哨戒ヘリコプターが上空偵察を開始。その後、順次すべての艦艇、航空機を投入し、艦艇約60隻、航空機20機以上、人員約1万6千人の態勢で捜索救難、救援物資の輸送、沿岸、離島などの被災者支援を行なった。

このうち、第4海災部隊（海上自衛隊災害派遣部隊）を構成した掃海部隊は、艦艇約20隻、水中処分員（EOD）約130人であった。

活動実績は、救助者約900人、ご遺体の収容約420人、漂流船舶の発見通報約200隻、離島などの診療など約2800人、入浴などの生活支援約2万9000人、八戸基地における宿泊支援約6000人であり、航空機などによる物資輸送は約1100回で、その内容は糧食約23万5000食、水約40万5000リットル、燃料約15万リットルであった。

福島原発事故対応では、給水支援のため、補給艦、多用途支援艦、支援船など約11隻が「バージ」と呼ばれる給水フロートを事故現場岸壁に横付け、冷却用給水ブースターポンプに補給した。また原子炉への空中・地上放水のために編成された原子力対処部隊に消防車など5台を派遣して放水活動を実施した。

「東日本大震災」災害派遣（6）

自衛隊頼みの初期対応

宮城県危機対策企画専門監（当時）小松宏行

自衛隊を定年退官し、宮城県庁に再就職して11か月が経った2011（平成23）年3月11日、14時46分、東日本大震災が発生しました。

宮城県の被害は、死者1万553人（関連死含む）、行方不明者1234人、住家被害約47万棟、津波浸水域327平方キロ（県土の約4・5パーセント）、避難者約32万人（ピーク時）、経済被害額約9兆3千億円にのぼる甚大なものでした。

自衛隊への迅速な災害派遣要請

地震発生後、直ちに宮城県庁では災害対策本部を設置し、15時2分に村井嘉浩知事（防大28期）の承認を得て電話で東北方面総監部に災害派遣要請を行ないました。県庁には、陸海空自衛隊から連絡要員が次々と参集し、12日の朝には総勢約50人の「自衛隊県庁調整所」が開設され、8月1日までの144日間にわたる派遣活動の調整業務がスタートしました。

混乱を極めた初動対応

停電、通信施設の損壊、市町村役場庁舎などの津波浸水により、災害発生後3日間は沿岸市町からの情報入手が困難な状況でした。これを補完してくれたのが被災市町村に派遣された自衛隊からの情報でした。

初動対応は人命救助を最優先で活動しましたが、ご遺体の収容、食料などの調達および輸送、救援物資の配送、灯油、燃料の給油など緊急を要する業務は、全体の被害を把握できない状況下で、情報が入り次第の個別的対応となり、災害対策本部事務局職員の疲労困憊も加わって混乱をきわめた状態で実施しました。

宮城県が組織的な災害対応ができるようになったのは災害発生から1か月が過ぎた4月初旬以降でした。

自衛隊と活動調整を行なう自衛隊OBの小松氏（中央）

広範多岐にわたる自衛隊の派遣活動

史上最大の災害派遣で、陸自は宮城県内で延べ18万人の隊員が活動しました。また、東北、関東地域で航空機は約5万機、艦艇は約4900隻が活動し、その6割は宮城県への支援となっています。

活動内容は、人命救助、ご遺体の収容及および仮埋葬（土葬）、給水支援、給食支援、入浴支援、道路啓開、架橋、被災財の除去、防疫、給油、物資の輸送・配分、仮設住宅用地の整地などの広範多岐にわたり、OBの私が「自衛隊はそこまでやってくれるのか」と感心するほどの積極かつ献身的なものでした。

地震津波災害では、道路の浸水、損壊で地上からの救援活動は当初、制約を受けたためヘリコプターでの活動が大変有効なものでありました。

宮城県内では当初、自衛隊、消防、警察、海保、報道、ドクターヘリなどの各機関のヘリコプターが最大

100機以上が飛行する状況でしたが、これらの航空事故がなかったのが幸いでした。

これらは、各パイロットが緊急事態のなかでも安全に留意した飛行に努めたことと、仙台空港が津波で水没、使用不能になったなかで、東北方面航空隊や空自松島基地が迅速な（局地）管制業務を代替したおかげだと感謝しております。

縦割り行政の弊害を痛感した災害対応

県庁の仕事は、法令、規則に基づいて各部課の所掌《しょしょう》が規定されており、非常事態において部課をまたぐものや新規の業務は、上司が担当を指定しないと進まないこともあります。

大型ビルや病院の予備発電機用の重油を緊急調達する際に、災害対応マニュアルで燃料を所掌する課に要請しましたが、「担当の燃料は軽油と灯油のみで重油は所掌ではない」と断られました。結果的には経済商工観光部のほかの課が担当することになりました。

港湾の掃海作業の調整は、商工業港は土木部が管理し、漁港は農水部が管理しているため、一堂に会しての調整会議は時間的に困難とのことから、関係者（海自・海保の連絡員）に各部の会議にご足労願うこととなりました。

被災財の処理は、道路・河川は国土交通省、田畑・農地は農林水産省、住宅・市街地は環境省が所管しており、処理がなかなか進捗しませんでした。5月9日に環境省が主管することになり、窓口が一本化されて処理がようやく軌道に乗り始めました。

今回の災害対応では、部隊・組織が一丸となって任務遂行に邁進することをつねに教育されている防衛省・自衛隊では理解できないような行政の縦割り的業務にたびたび遭遇しました。

「自衛隊は規律正しい凄い組織だ」

私は現在、宮城県の再任用職員として消防学校で教官をしています。そこでの消防団員教育の際に、40代の団員から次のような話がありました。

「東日本大震災は、自衛隊がいなかったらわれわれは何もできませんでした。とくに行方不明者捜索で、ご遺体を収容した時、隊員を整列させて指揮官が線香（私費で用意）で焼香し、ご遺体に敬礼していました。残念ながら地元の消防団は、そこまではできませんでした。捜索を見守っていたご遺族の方が感謝していました。この時『自衛隊は規律正しい凄い組織だ』と感心しました」

被災から間もなく9年目を迎えますが、復興に向け尽力している多くの宮城県民は、自衛隊の献身的な派遣活動に心より感謝しているとともに、自衛隊員の規律ある行動、礼儀正しさに尊敬の念を抱いております。

「東日本大震災」災害派遣（7）

東日本大震災の医療支援活動

自衛隊仙台病院長（当時）森﨑善久

東日本大震災発生直後の自衛隊仙台病院ならびに東北方面隊隷下の各衛生隊が中心となり実施した医療支援活動を紹介します。

東北方面衛生隊の初期活動

災害発生直後の急性期で特筆すべきは、東北方面衛生隊による霞目《かすみのめ》駐屯地（仙台市）飛行場でのＳＣＵ（Staging Care Unit：広域医療搬送拠点臨時医療施設）の開設と運営です。当日、宮城県知事による自衛隊への災害派遣要請が発せられたのは15時2分、17時40分にはＳＣＵ開設が要請されました。

直ちに、東北方面総監より東北方面衛生隊にＳＣＵ開設命令が発せられました。衛生隊は夜を徹して霞目駐屯地飛行場にＳＣＵを開設し、翌３月12日８時からＤＭＡＴ《ディーマット》（災害派遣医療チーム）とともに活動を開始しました。

16日までの約５日間活動し、初期は重症患者、透析患者の他県への航空搬送、15日には石巻市立病院の病院移転支援などに大きな役割を果たしました。

ＳＣＵに関しては、震災の３か月前の２０１０（平成22）年12月11日、霞目飛行場で行なった自衛隊仙台病院、東北方面衛生隊、そして宮城県ＤＭＡＴによる協同訓練がたいへん役に立ちました。この訓練には、東北方面総監、宮城県危機管理専門官などが視察しました。

これが契機となって、宮城県大規模災害時医療救護マニュアル（案）に「宮城県は自衛隊にＳＣＵの開設を要請する」ことが明記され、迅速な行動に直結しました。

この（案）が完成したのは震災発生２日前で、まさに間一髪のタイミングでした。事前訓練と計画の重要性を身をもって感じています。

発生直後の仙台病院の活動

自衛隊仙台病院は築40年を超え、地震による明らかな損傷はないものの余震による被害も想定されたため、外来はエアドームで開設し、入院施設として築年数が浅い准看護学院の教場や実習室、看護師宿舎および病院天幕で105床を確保しました。

エアドームや病院天幕の開設は東北方面衛生隊が行ないました。17時47分（発生後約3時間後）に2人目の患者として多発性肋骨骨折をともなう低体温症の患者が航空搬送されてきました。日没以降も東北方面航空隊による夜を徹しての救命救出活動が続けられ、翌朝までに約40人の被災傷病者が航空搬送されました。

発生当日と翌日の2日間での診療者数は100人にのぼり、うち88人が入院となりました。1時間で10人が搬送される時間帯もあり、さながら野戦病院と化しました。

疾病別に最も多かったのは低体温症（27人）で、次いで骨折を含む外傷（22人）でした。低体温症患者は津波にのまれ海水と汚泥の混ざった水に全身浸かったため、収容時の体温は33～34度でした。

限られたストーブでできるだけ室内を暖め、体を拭き、病衣に着替えさせ、毛布、レスキューシートを巻き、院内からかき集めた温枕で体を温めましたが、なかなか体温が上昇せず、多くの勤務員が交代で体を摩擦して体温の上昇を図りました。まさに祈りながらの処置でした。

当初の1週間は入院患者だけでなく、付き添い者11人、病院勤務員の子弟33人も病院内に収容しました。

テレビのニュース番組のテロップに、当初7日間は軽症者主体に24時間対応可能と表示し、積極的に被災傷病者を受け入れました。その結果、3月末までの被災傷病者受入れ数は1207人にのぼ

各避難所を巡回診療する医療チーム

り、これは仙台市内の病院で2番目に多い受け入れ数でした。

巡回診療による医療支援

3月13日から避難所への巡回診療を開始しました。医官1人、看護師2人、ドライバー1人の4人1チームとし、毎日2チーム程度が1／2トントラックで活動しました。当初4日間は近隣の仙台市と多賀城市で避難所を巡回しました。

避難所では診察や薬を求める避難者で長蛇の列ができました。仙台市内では次第にさまざまな組織や団体の医療チームが活動をするようになったため、宮城県災害医療コーディネーターから南三陸町への派遣を依頼されました。

南三陸町に関しては、公立志津川病院が津波で壊滅したこと、ベイサイドアリーナという総合体育館内の仮設診療所で懸命な医療活動が行なわれていること、医薬品不足が深刻であることが報告されていました。

南三陸町での巡回診療を行なうべき避難所の場所や要領などまったく不明のなか、まずはベイサイドアリーナに前進し、情報収集せよと指示し、3月17日の早朝、医療チームを送り出しました。

南三陸町では、全避難所64か所のうち前日までに医療チームが巡回したのはわずか4か所のみという状況でしたが、ベイサイドアリーナで巡回する避難所を指示され、円滑に活動できました。

その後、女川《おながわ》・牡鹿《おしか》地区にもチームを派遣しました。3月21日以降は、応援、交替要員として来た九州や北海道の部隊の医療チームに引き継ぎました。

大規模災害対処において自衛隊への国民の期待が高まっています。同時に災害医療の分野においても自衛隊衛生に対する期待も高まっている状況です。

東日本大震災では事前の準備が奏功《そうこう》したこと、準備はなかったが火事場の馬鹿力的に乗り切れたこと、その一方で大いに反省させられたことなど、さまざまな経験や教訓を得ました。

今後も、自治体や災害医療関係機関などと平素から連携しつつ自衛隊衛生の能力向上を図っていくことが重要なのは言うまでもありません。

東北方面衛生隊と自衛隊仙台病院の活動の概要

２０１１（平成23）年3月11日の震災発生直後は地元に所在する自衛隊仙台病院、東北方面衛生隊、第6師団および第9師団の衛生隊が中心となり医療支援活動を実施した。

3月14日に東北方面総監を指揮官とする統合任務部隊（ＪＴＦ）が編成されるや全国から続々と衛生科部隊や救護班などが被災地に入り、最大時には4か所に救護所を開設し、17個巡回診療班が活動した。診療した被災者は医療支援終了の6月10日まで延べ2万１００９人、１日最大は3月19日の１２７５人。

陸上自衛隊東北方面隊では２００２（平成14）年以降、自治体や防災関連機関との協同訓練が行ない、とくに２００８（平成20）年に実施した震災対処演習「みちのくアラート２００８」は、大規模な実動演習で災害時の緊急医療分野の活動も演練、検証していた。それらによって自衛隊仙台病院や東北方面衛生隊などは、災害医療コーディネーターをはじめとする災害・救急医療の関係諸機関と平素から意見交換や協同訓練を通して連携を図っていました。このことが震災時の医療支援活動に大いに役立った。

「東日本大震災」災害派遣（8）

胸を張って語れる活動を実施しよう

第9師団長（当時）林 一也

東日本大震災当時、私は北東北3県（青森県、秋田県、岩手県）の防衛・警備・災害派遣を担任する第9師団長の職にあり、主に岩手県での災害派遣活動を担任しました。本稿では派遣活動で何をしたかということを回顧するのではなく、当時の第9師団が何を考えて活動したかという部隊の内面にできる限り焦点を当てたいと思います。

第9師団では担任区域、とりわけ青森県から岩手県の太平洋沿岸部での災害を想定して派遣計画を策定し、年1回これに基づく現地研究を実施していましたので、日頃から災害への準備はできていたと考えます。

盛岡市の岩手県庁内に設置された司令部で君塚統合任務部隊指揮官（左端）に現況報告する林一也師団長

平素の準備と地震発生からの初動対応

震災発生時は青森駐屯地の師団司令部の師団長室で執務中でしたが、当初の感じ方は、揺れは若干大きいものの、あのような被害は予想できなかったというのが正直な感想です。揺れが収まると、直ちに司令部に指揮所を開設、部隊には派遣準備を命じました。

情報の少ないなか、指揮所において携帯電話の画面で大津波の映像を確認し、被害は担任区域の中でも岩手県が甚大と見積もり、隷下部隊には既存の災害派遣計画に基づく現場進出を命じました。

隷下部隊は、3月11日夜から12日未明にかけて、自隊で道路を啓開しつつ、何とか現場に進出、被災地の自治体との連携を確保し、被害が甚大だった山田町、大槌町、釜石市、大船渡市、陸前高田市においていて活動を開始しました。このように夜間においても迅速な活動ができたのは、日頃からの災害派遣計画に基づく訓練の成果だと思います。

師団司令部の設置と部隊の初動活動

隷下部隊は現場に進出したものの、隷下部隊を指揮し、行政機関・組織と調整する師団司令部をどこに置くかが重要でした。結論から言えば、司令部は岩手県庁内に設置しました。

既存の災害派遣計画では岩手駐屯地（岩手県滝沢市）に司令部を設置するとしていましたが、盛岡市の岩手県庁まで十数キロの距離があり、連携を密にするため、何とか岩手県庁内に設置したいという要望を岩手県に認めてもらい、県庁内に司令部を設置した唯一の師団となり、その後の派遣活動がきわめて円滑になりました。

隷下部隊の状況を確認したところ、ある連隊長から大津波警報が発令されているため、待機している旨の報告がありました。私は直ちに被災現場に行き、警報下でも生存者の救出に全力を尽くすよう厳しく指導しました。

地震発生直後の沿岸地域自治体の雰囲気は、津波警報が出ているため自衛隊、警察、消防のすべての組織が待機していたようですが、自衛隊が活動を開始したことをきっかけに自治体としての救援活動が開始されたと聞きました。活動開始の処置として、津波の監視と避難路の確保を命じたことは言うまでもありません。

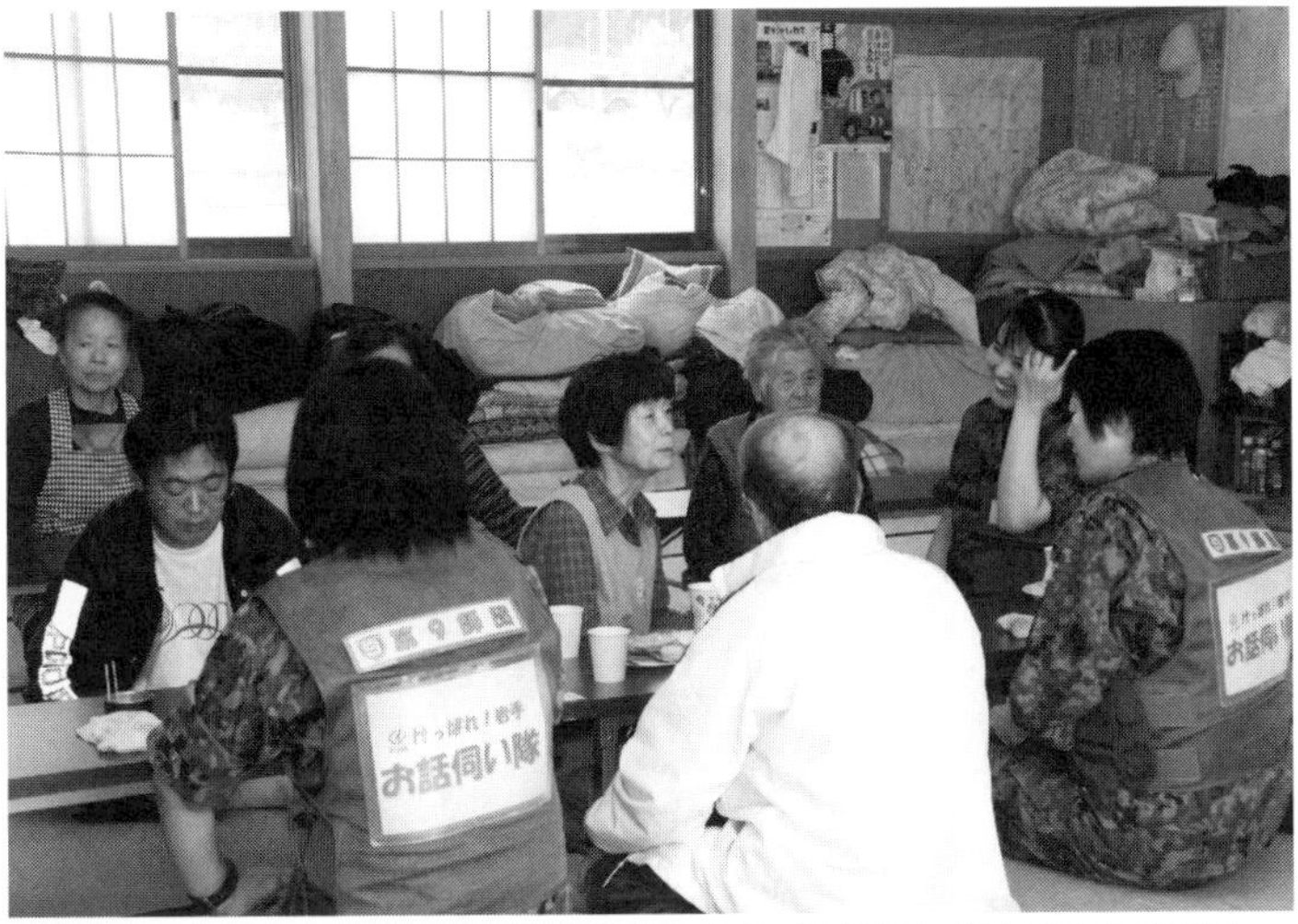

被災者の気持ちに寄り添う女性自衛官による「お話伺い隊」（陸前高田市）

意を用いた活動

第9師団の活動は、当初は人命救助、行方不明者の捜索、ご遺体の収容、避難所の運営支援（給水、給食、入浴）などで、各地に派遣されたほかの師団や旅団と大きな違いはありませんが、そのなかで第9師団が意を用いた一例を紹介します。

東北地方の人々の特性かも知れませんが、岩手県民は我慢強く、不便な環境で避難生活を強いられても不平不満を口にしないため、なかなか本音が聞けません。そこで被災者の要望を汲み上げる策として「お話伺い隊」なるものを組織しました。看護師、カウンセラーからなる女性自衛官のチームで、缶詰や携行食を持って各地の避難所を訪問し、お茶を飲みながら世間話のついでに本音を聞き出すという活動をさせました。

はじめは避難住民の皆さんの口は重かったのです

が、気心が知れてくると再訪問を要請されるようにもなり、彼女たちの報告が司令部の判断に大きな影響を与えてくれました。このほかにもすべての活動を被災者目線で行なうように留意しました。

部隊長・隊員への指導

活動開始から約1週間が過ぎた頃、隷下部隊長を集合させ指揮官会議を行ないました。

各部隊長には「今回の派遣は『実弾を撃たない実戦である』との意識を堅持し、あらゆる行動に関して、将来、歴史の法廷に立つような機会があれば、『第9師団はこのように行動しました』と堂々と胸を張って言えるような活動を実施しよう」と指示しました。

また、隊員への指導に際して悩んだことは「後顧《こうこ》の憂いをいかに絶つか」でした。

隊員の立場にしてみれば、3月11日にふだんどおり出勤し、そのまま災害派遣活動に投入されたわけです。隊員個々には、留守家族に大きな不安を抱えている者もいたと思います。

したがって、各部隊長には努めて早期に各隊員を交代で帰隊させ、留守家族への対応、配慮をするように命じました。

この判断は今でも正しかったと思っています。また、各駐屯地業務隊長には時折り官舎を巡回し、困っている留守家族の支援をお願いしました。

忸怩《じくじ》たる思い

災害派遣期間中、増援部隊を含めて3人の隊員を病気で失いました。持病があり治療中の者については、日頃飲んでいる薬の確実な服用を医務官を通じて指示・確認していましたが、薬の質と量が派遣活動に対応できているかの確認は不十分だったと思います。

ふだんは事務室で勤務している隊員も派遣され、遺体収容などに従事しましたが、そのような活動内容が服用している薬の効用限度を超えたのでは、あるいは多くの隊員に肉体的、精神的にも過度な負担をかけることがあったのではないかと反省する次第です。

岩手県盛岡市の夏祭りに「さんさ踊り」があります。軽やかな太鼓の音に乗ってリズミカルに踊る心華やぐ夏祭りです。8月上旬に開催されますが、派遣活動の結節ととらえ、7月26日には任務を完遂し、撤収しました。

第9師団の災害派遣の概要

第9師団は、3月11日の震災発生直後、平素から整備していた災害派遣計画に基づき、当初、岩手駐屯地所在部隊をもって人命救助を主体とした活動を開始するとともに、翌12日には師団主力をもって青森県および岩手県の太平洋沿岸部に展開し、応急救援活動を開始した。また、3月14日には師団指揮所を岩手県庁内に開設した。

3月14日以降、第2師団（北部方面隊）、第4施設団（中部方面隊）および第7師団（北部方面隊）から編成された第7生活支援隊などが逐次岩手県に到着するにともない、岩手県北部の活動地域を第2師団へ引き継ぎ、師団全力を岩手県沿岸南部である山田町〜陸前高田市の応急救援活動に集中し、その後、応急救援活動から逐次、応急復旧活動へ移行した。

4月18日に青森県から撤収し、7月26日の岩手県からの撤収をもって137日間にわたる大規模災害派遣を終了した。なお、その後も原子力災害派遣による福島県の住民の避難誘導および除染支援を継続し、12月29日をもって293日間にわたるすべての活動を終了した。

「東日本大震災」災害派遣（9）

師団長の果断な決断

第4師団第3部長（当時）陸上総隊司令部運用部長 陸将補 橋爪良友

2011（平成23）年3月11日、14時46分、私は福岡駐屯地の第4師団司令部庁舎2階の執務室にいた。司令部第3部長として2年間の職務を間もなく終えて「そろそろ異動内示かな」と、この間の思い出を振り返っていた。急にテレビからニュース速報が流れた。

「東北で大きな地震か、かなり広範囲だな。しかし九州には影響ないだろう」第一印象はこの程度だった。テレビの映像が刻々と被災地の現実をつぶさに伝えてきた。

「東京都内でも家屋の損壊がある。これは相当の被害が出ているな」と思っていると、戦慄的な津波の映像が目に飛び込んできた。「阪神・淡路大震災の数倍の被害が出るな、これは大変にことになった。われわれも現地に行くことになるぞ！」と直感した。

しかし、まだ半信半疑で何をなすべきか迷っていた。

第4師団の初動状況

15時半過ぎ、西部方面総監部防衛部長から「第4師団は東北の被災地へ前進し災害派遣活動を実施せよ」との電話があった。

「もう決まったのですか？　計画はないですよ！　どこに行くのですか？　何をするのですか？」と私は矢継ぎ早に質問した。

「おれに聞かれてもわからない。とりあえず出発して前進しながら命令を待つということだろう」との返答。

「う〜ん、そういうことか」動転するなかで電話を切ると、「各幕僚は師団長室に集合！」の号令がかかった。

同じ時刻に西部方面総監から師団長に同趣旨の電話がかかっていた。あとで聞いたが、地震発生直後に陸上幕僚長が全陸自の部隊運用を即断即決し、全国の方面総監に命じていたのだった。

師団長室に集まった各幕僚の顔は一様に緊張していた。幕僚長が「集合完了」を師団長に報告し、一同、固唾《かたず》を呑んだ。木野村謙一師団長は開口一番、「師団は東北の被災地に前進し、災害派遣活動を実施する。派遣部隊は周辺国の動向も鑑み一部の部隊（具体的部隊名を指示）を残し、師団主力を派遣。当初の前進目標は朝霞駐屯地。準備でき次第前進開始。指揮官は私だ」

これぞ指揮官のリーダーシップであろう。これだけ決まれば、あとはわれわれ幕僚が作戦を具体化できる。暗中模索のなか、師団長のこの果断な決心で第4師団は一気に動き出した。

被災地を視察する君塚統合任務部隊指揮官（左）と木野村師団長

被災地自治体との連携を重視した作戦構想の決定

師団長の決心を受け、師団司令部は夜を徹して災害派遣準備を進めた。3月11日夜、師団の先陣を切って第4偵察隊が福岡駐屯地を出発、翌12日にかけて福岡、大分、佐賀、長崎の北部九州4県に所在する各駐屯地から人員約3000人、車両約1200両が朝霞駐屯地に向かった。

われわれ師団司令部は各部隊の出発状況を確認し、13日早朝、師団長とともにヘリコプターにより立川駐屯地へ移動、そこから車両に乗り換え、昼過ぎに朝霞駐屯地に入った。各部隊は陸路を続々と朝霞駐屯地に到着してきた。

朝霞駐屯地は大部隊が集結するのに十分な地積があり、燃料補給などを含めた兵站基盤が充実している。被災地を目前にして、各部隊は長距離機動により混交していた態勢を整理し、必要な準備を整えることができた。師団長が当初の前進目標として示した朝霞駐屯地は、中継点として最適の駐屯地だった。

さて、師団長以下われわれが朝霞駐屯地に到着すると、「第4師団は気仙沼市および南三陸町において活動せよ」との任務を受領し、直ちに作戦の具体化に取りかかった。しかしながら、そこはいわば未知の土地であり、被害状況もよくわからない。広げた地図を前に頭を抱えながら、稜線や水系で地域を区切り、部隊を配置する作戦構想を検討した。

すると、かたわらで様子を伺っていた師団長から「自治体との連携が重要になるから、行政区画ごとに部隊を配置する案を検討せよ」との指示があった。

師団長の沈着冷静かつ的確な指示に再び敬服したのを今でも鮮明に覚えている。

気仙沼市および南三陸町における災害派遣を担任

かくして、気仙沼市に第41普通科連隊（別府駐屯地）と第16普通科連隊（大村駐屯地）、南三陸町に第40普通科連隊（小倉駐屯地）と第4特科連隊（久留米駐屯地）をそれぞれ配置するなど、各連隊に担任地域を定めて活動させるという作戦構想が決まった。

「師団の活動拠点は王城寺原《おうじょうじがはら》演習場（宮城県大和町）」との連絡が東北方面総監部から入った。われわれは速やかに行動命令を起案して師団長の決裁を受け、朝霞駐屯地に到着した部隊に逐次下達《かたつ》した。

行方不明者を捜索する第41普通科連隊（気仙沼市にて）

朝霞駐屯地で態勢を整えた各部隊は、運転手を交代しながら不眠不休で前進、約１８００キロの長距離機動を無事故で終え、13日中に宮城県内の活動拠点に入った。

師団は、発生直後から現地で活動していた第20普通科連隊（神町《じんまち》駐屯地）から任務を引き継ぎ、翌14日から気仙沼市と南三陸町において活動を開始した。

東日本大震災での第４師団の派遣活動は、師団長のリーダーシップ、幕僚活動、平素からの即応態勢、日米共同対処能力、そして何より現場で困難な任務を完遂した隊員たちの実力が遺憾なく発揮された成果である。さらには、被災された方々の謙虚さ、高邁さがわれわれを支えてくれた。

「東日本大震災」第4師団の災害派遣の概要

第4師団は、師団長・木野村謙一陸将以下最大約4000人の編成をもって、東日本大震災の発生直後から気仙沼市および南三陸町に展開して災害派遣活動を実施した。

活動実績は、捜索面積約50平方キロ、ご遺体の収容520人、給食支援約78万食、給水支援約4千600トン、入浴支援約7万5000人、診療患者約1900人などに及んだ。

この間、気仙沼市大島において、「トモダチ作戦」で救援に派遣された米海兵隊と共同で活動を遂行した。また、師団隷下のコア連隊である第19普通科連隊（福岡駐屯地）は、史上初の即応予備自衛官の災害派遣招集を実施し、被災地での活動に参加した。第4師団は7月下旬にすべての任務を完遂し撤収した。

「東日本大震災」災害派遣（10）

被災・復旧そして完全復興へ

第4航空団基地業務群司令（当時）時藤和夫

２０１１年３月11日、これまで経験したことのない巨大地震とその後の大津波によって航空自衛隊松島基地の様相は一変した。

当時、私は基地業務群司令として松島基地に勤務しており、正門近くの庁舎で縦揺れを感じてすぐに外に出たところ、今度は横揺れが凄まじく、歩くこともできないほどだった。

しばらくして揺れが収まり、基地業務群指揮所に詰めて被害状況の確認に追われることを予想していたが、津波警報の発令に続き、いち早く「全員退避！」の指示が杉山政樹基地司令から出された。今でもこの処置は素晴らしい判断だったと思う。

基地復旧と災害派遣活動を並行して実施

基地全体が津波に呑まれたが、翌日から活動を開始した。まず基地内の隊員の安否と施設などの被害状況を確認した。基地内の隊員は無事であり、施設も大きな損傷がないことを確認できた。

この時に使用できる車両は6両、そのうちの1両は除雪用車両だった。そこで基地近傍の捜索救助に2個分隊を派遣するとともに、除雪用車両を用いて副滑走路の泥土、堆積物をあらかた除去し、最後は人力により清掃し、3日間で航空機が運航できるよう副滑走路を復旧した。

その後は、航空機が松島基地に離発着するようになり、主滑走路も復旧して空輸による救援・支援物資輸送の拠点となった。

周辺地域での行方不明者の捜索、給水、炊き出し、入浴、医療支援、流出物回収なども基地復旧と並行して行なった。

全国の空自基地からも災害復旧支援隊として続々と空自隊員が松島基地に派遣されて来た（延べ6000人以上）。松島基地で活動する隊員の数もピーク時には平素の倍になり、初の統合任務部隊（JTF）の編成で、陸上自衛隊東北方面総監の指揮の下で活動した。松島基地の災害派遣は、震災発生から7月31日まで144日間に及んだ。

震災後直ちに人力で滑走路を復旧し、救援物資受け入れの拠点となった。

松島基地の完全復興

災害派遣活動が終わり、基地は復興に走り出した。基地機能の復旧はもちろんのこと、同じ規模の津波に耐え得るよう、航空機の駐機場は高台化され、そこに格納庫も新設された。

また、この地域の津波対策として3段階の防潮堤が整備され、最も海から遠い第3次防潮堤は基地のすぐ横まで整備された。この第3次防潮堤と高台化した基地を連接し、防潮堤の一部として松島基地は地域の防災にしっかり機能するようになった。

基地内の施設には、津波による浸水を防ぐ水密構造のドアを設置するとともに、屋外の電気設備や空調装置は地面より高い場所に設置するなど、至るところで津波に備えた工夫を凝らしている。このような整備を飛行部隊の移動訓練と並行して5年をかけて行なった。

そして2016（平成28）年年3月20日、三沢基地に移動して訓練を続けていたF－2戦闘機の帰還をもって松島基地にすべての任務が戻り、基地は完全復興を果たすことができた。

帰還して来たF－2を見て涙する整備員もいたが、それだけ隊員たちの想いが強い基地である。当時を知る者として、この日を迎えることができたのは感無量だった。

震災からそれまでの歳月は長いようで短かった。その間、移動訓練を実施しながら黙々と任務遂行に尽力した隊員たちのバトンをやっとゴールまで持ってくることができた。

あらためて、この地域でお世話になった方々や陰ながら支えてくれた関係諸機関に心から感謝するとともに、第4航空団の各群司令をはじめ、支えてくれたこの基地の隊員たちの労を多としたい。

震災前と比較すると景観も変わり、この日を境にして、基地は復興というゴールから新たな環境で任務遂行を再開するスタートへと変わった。

震災に強い基地づくり

復興してこの基地で任務を再開して、この春で1年が過ぎた。とくに高台における冬季の運用を経験することでひと通りの流れが見えてきた。

この基地は地震が多い場所に加えて、女川原発から30キロ圏内に位置している。今後はさらに災害に強い基地として、高台施設や既存の施設を有効に活用してさまざまな訓練を重ねていく必要がある。

地震発生から津波到達までの間に、災害派遣に必要な車両を高台に退避させる訓練はすでに定例となり、高台から陸側に位置する旧施設の活用について検討し、関係部署との調整を開始した。そして、津波到来に関する情報収集体制の強化、この地域の陸自や行政機関、企業との関係強化、大規模防災訓練への参加などを具体的に推進しているところである。

これらを通じて平素から周辺と防災に対する認識を共有しておくこと、訓練などを通じてお互いの能力を把握しておくことが重要である。

そのための戦力確保として、隊員たちの多忙感を克服するとともに、一層の業務効率化やＩＣＴ（情報通信技術）の戦力化、ならびに女性の働きやすい環境を整備し、部隊の任務遂行能力向上を図ることも重要であり、震災から復興した松島基地の伝統として、不測の事態への備えとして確立しておくべきものと思っている。

準備してもなお、それを超えた不測の事態は生起する。肝に銘じつつ、一つひとつ具現化することが肝要である。

現場の教訓を具現化

東日本大震災の前年の２０１０年2月28日、チリ地震の際、宮城県沿岸に大津波警報が出された。

日曜日であったが、松島基地では人員を非常呼集して航空機を小松基地へ、災害派遣に使用する車両を基地近傍の高台に退避させて津波に備えた。

結局、津波到達予想時刻を数時間過ぎても大した津波は確認できず、長時間にわたり行動を制限された。この時から津波への対応について少し戸惑いがあった。

しかし「東日本大震災」の大津波によって、航空機をはじめ多くの装備品などが大きな被害をこうむり、一時的にせよ基地の機能を失った時から考え方が大きく変わった。

今は「現場での教訓は必ず具現化しなくてはならない」と強く思っている。

「東日本大震災」災害派遣（11）

万全の備えで福島原発へ空中放水

第1輸送ヘリコプター群第104飛行隊長（当時）
東北方面総監部広報室長　1等陸佐　加藤憲司

当時、私は第1ヘリコプター団（木更津駐屯地）で、大型輸送ヘリコプターを保有する飛行隊の隊長として勤務していました。木更津市も震度5弱を観測し、大きな揺れを感じました。揺れが落ち着くと、直ちに部隊の人員や施設の異状の有無を確認するとともにテレビで地震の状況を確認しました。その映像は衝撃的なものでした。とくに大量の車が津波の濁流に呑みこまれていく光景を見た時の衝撃は今でも忘れられません。

災害派遣の発令で、飛行隊は3月11日夕方には霞目駐屯地（仙台市）に進出しました。また、その日の夜半には、3個の大型輸送ヘリコプターの飛行隊が霞目駐屯地に展開を完了しました。

引き続き起こる大きな余震のなか、任務の調整や準備で夜を明かし、翌日早朝から本格的な災害派遣活動を開始しました。

明るくなると、津波に流された住宅などの被災財や車が道路や地上を覆い尽くしていました。変わり果てたわが故郷の惨状を見て、別世界に来たような感覚にとらわれました。

それからは、ひたすら生存者の捜索・救助、被災者の避難輸送、救援物資の空輸、山林火災の空中消火など、休みなくさまざまな任務を実施しました。

福島第1原発が緊急事態

3月12日、報道などから福島第1原発の事故が深刻な事態になっていることを知りました。

この段階では原発事故に直接、何らか対応を実施するということはなく、福島第1原発への資材の空輸や周辺の病院からの患者の空輸などを実施していました。

3月14日夜、原発事故の被害拡大防止のためヘリコプターで直接的な活動を実施する旨が伝えられました。この頃から空中放水について検討され始めました。

3月15日、霞目駐屯地に展開しているほかの飛行隊に原発への空中放水準備の指示があり、準備作業を開始しました。

3月16日、この任務を命じられた飛行隊の大型ヘリコプターが事故原発に向かいましたが、現場上

戦闘用防護衣、防護マスクに鉛のスーツを着用する隊員

空の放射線量が高く、任務は中止となりました。その夜、翌日も空中放水を試みることとなり、今度は、わが第104飛行隊に実施の命令が下りました。

任務遂行にあたって、高い放射線量は変わらない状況でいかにして安全・確実に実施するかの検討が必要でした。上級部隊の第1輸送ヘリコプター群本部は、夜を徹して実施要領、とくに被曝線量について算定、検討を重ねました。その結果、ある程度の高度と速度を維持することにより、被曝線量を軽減できるとの結論に至りました。

福島第1原発へ放水せよ！

3月17日0400時「行動開始」。

前日は準備が夜半まで続き、ひと時の休息後、任務開始となりました。

航空機（ヘリコプター）5機をもって、この任務の

散水装置を吊り下げながら霞目駐屯地を離陸するCH-47輸送ヘリ

ための部隊を編成しました。内訳は、空中放水機2機、原発上空の放射線量計測機1機、患者など発生時の後送機1機と予備機1機です。そのほかにも放射能を検知・除染する部隊や燃料補給などのため整備員が待機しました。

航空機は放射線被曝を最小限にするため、機内の各所にタングステンシートなどの放射線を遮断する材料を敷き詰め、窓など開放部は密閉し準備をしました。

乗員は戦闘用防護衣、防護マスク、さらに約20キロ近くある鉛のスーツを装着し、ヨウ素剤を服用し、準備を整えました。

0857時「霞目離陸」。

霞目飛行場を発進後、海上で器材の作動確認後、福島に針路を向けました。

福島県上空に達し、相馬港を過ぎた頃、放射線量を計測していた航空機から情報が無線で届きました。放射線量は昨日と変わりません。あとは計画したとおりの諸元で飛行すれば実施できると判断し、空中放水の実施を決心しました。

0948時「放水開始」。

原発の沖合いで機外に吊り下げたバケット（散水装置）に取水し、1番機から目標の原子炉に向かいました。目標に近づくにつれ、線量計が示す値が徐々に上がっていきましたが、思ったほどではありません。あれ？と思ったのもつかの間、さらに原子炉に近づくと数値は一気に上がっていきました。

一瞬、焦りを覚えましたが、想定内であるので引き続き目標に向け飛行を続けました。近づくにつれ、鮮明に事故現場が見えてきました。爆発した原子炉の建屋は上部が吹き飛ばされた状態です。建屋上空に達し、機長の号令に合わせ、機上整備員が投下スイッチを押しました。緊張する一瞬でしたが、水は無事、建屋に向かって落ちていきました。引き続き2番機が投下、各機2回、延べ4回で約30トンを放水しました。

放水終了後、Jヴィレッジに着陸し、人員および航空機の放射線測定作業を細かく実施し、霞目飛行場に帰還したのは、夕方でした。その後、再度、健康状態や被曝量を検査し、乗員全員の異状がないことが確認しました。とりあえず、ほっとできた瞬間でした。

家族の支えがあってこそ

実は震災発生当日、災害派遣の発令とともに、家族には何の連絡をしないまま被災地へ向かいました。数日後、ようやく連絡した際、妻は「家のほうは大丈夫だから、がんばって仕事をして」と言ってくれ、安心して任務に臨めました。

しかし、災害派遣が終了後、帰宅すると官舎がある木更津でも津波被害が発生し、私有車が海水に浸かってしまったり、停電で不便な生活が続いたりと、大変な状況だったことを知りました。

また、同じ官舎に住む隊員の中に、生まれたばかりのお子さんがいる者もいて、そのような家族を残したまま、任務に赴くのはたいへん不安だったということも聞きました。

隊員の留守家族支援については、いろいろと検討され、その態勢も整えられつつあります。ぜひとも、隊員が後顧の憂いなく任務に邁進できるよう、一層の支援・協力を期待しています。

空中放水は、結果として3月17日の任務が最初で最後になりました。その後、地上からの放水ができる態勢が整ったからです。

未曾有の災害に自衛官は寝る間も惜しんで救援・支援活動に従事しました。これは、ひとえに任務に対する責任感はもちろん、国を愛する心がなさせたものと確信しています。

「東日本大震災」災害派遣（12）

福島第一原発へ冷却水運搬

横須賀港務隊大型曳船船長（当時）厚ケ瀬義人

2011年3月11日、横須賀港務隊では地震発生直後から緊急出港する各艦艇の出港支援を実施し、3月13日には千葉県知事からの要請に基づき、水船21号と大型曳船1隻により、浦安港での給水支援を実施した。その最中の3月25日午後2時、「オペレーションアクア」が下令された。福島第1原子力発電所で発生した事故に対して、原子炉などの冷却に必要な真水を米軍から提供された水運搬用バージ（艀）に積載し、事故原発へ緊急輸送するという任務である。

「オペレーションアクア」下令

私たち港務隊員は大型曳船3隻で、水運搬用バージおよびこれを曳航する多用途支援艦「ひうち」

とともに、3月26日午前7時30分、横須賀地方総監をはじめとする各級指揮官、在泊艦艇乗員など多数に見送られて横須賀港を出港、現場近くで準備作業を行なうため、中継地の福島県小名浜港に向け針路をとった。

東京湾を順調に南下するも、東京湾を出ると悪天候に見舞われ、合成波高5メートルのなか、動揺で船内の棚から物は落ちたり、乗員も船酔いに悩まされることとなったが、乗員の士気に影響することはなかった。

しかし、深夜に「ひうち」から「曳航していたバージの曳航索1本が切断、速力を上げることができない」との連絡が入った。私たちの曳船はバージの左右後部の警戒につき、速力を3ノットまで落とし、さらに激しくなった動揺に耐え、半日遅れで小名浜港に入港した。

放射線防護対策と教育

入港後、横須賀造修補給所移動工作班の支援を得て、放射線防護対策として操舵室など船内の所要箇所にタングステンシートを取りつけ、各種防護器材を搭載した。

また、警戒・支援のために進出していた護衛艦「さわゆき」の飛行甲板上で陸上自衛隊中央即応集団から派遣されてきた専門職の隊員から所要の放射線防護に関する教育を受けた。

この時までは、各船乗員とも口には出さないものの、不安を募らせていた。しかし専門家によるレクチャーで、問題点が具体的に整理でき、対処方法が明確となったことから、自分たちの力で完遂できるという自信も芽生え、任務に集中することができた。

また、小名浜港では現地での本番を想定して防護服および全面マスクを着用し、ポンプなど諸物品の搭載作業を実施した。声が伝わりにくく、身振り手振りでのコミュニケーションが主となり、作業指示は困難をきわめた。それでもバージを大型曳船で横抱きにした岸壁横付け訓練を繰り返し実施し、自信をもって本作戦に挑むことができた。

福島第1原発への進出開始

3月30日夕方、「ひうち」とわれわれ曳船は小名浜港を出港、福島第1原発から20キロの指定海域まで進出を開始した。指定海域到着後、まず港内調査のため、大型曳船1隻が第1原発の港内へ進入した。

事前情報によると、津波で流された土木機械などが港内に沈んでいるとのことだったが、海は濁り、海中の障害物を確認することは困難だった。また、港内入口には海底までつながるロープなどが多数浮いており、船の進入の障害となっていた。これらを完全に除去することはできなかったものの、限られた人員で可能な限り除去作業を実施した。

港内には人影はなく、崩れた原子炉建屋からは白い煙が立ち上り、異様な光景であった。

福島第1原発の岸壁に接岸する曳船と水運搬用バージ

午前8時34分、事前調査の曳船から「港内調査終了、異状なし。バージ接岸可能」との報告が入り、調査曳船の港内から20キロ圏外への退避をもって準備作業は完了した。

接岸作業を本格開始

翌3月31日午後12時30分、本格的に「オペレーションアクア」が開始された。

「ひうち」と大型曳船2隻は岸壁から5キロの地点まで進出、曳船が「ひうち」からバージを受け取り、横抱きにした状態でもう1隻の警戒任務にあたる曳船を先頭に港内へ進入した。

午後3時51分、バージは福島第1原発岸壁に接岸、短時間で現場における作業をすべて終了し、午後5時9分、原発から20キロ圏外まで離脱、待機していた「さわゆき」に接近し、同艦からの海水放水により曳船全体の放射性物質を除染、放射線測定により異状がないことを確認した。

現場で作業を実施した乗員については、防護服を着用のまま放射線を測定した。放射線量は全員が規定値以下であったが、数値が高かった隊員は、念のため「さわゆき」艦内の浴室で洗浄し、その後「さわゆき」で待機とした。1回の作業は4～8時間であった。

20キロ圏内行動中は、船内への汚染を局限するため、船橋、上甲板以外への立ち入りを制限し、トイレや食事をとることもできない状況だった。水分補給や食事の摂取には細心の注意を払い、それでもトイレに不安を感じる隊員は大人用の紙おむつを着用し作業に臨んだ。

福島第1原発への水運搬作業は延べ5回、真水総量5000トンに及んだ。

その後、他部隊の支援が得られることになったことから、第1陣のわれわれは、小名浜港内にて待機することとなり、4月4日任務を終了した。

現場に直接進入したわれわれが事故や被曝することなく、さまざまな困難を乗り越えられたのは、各部隊の協力と参加した隊員全員が一致団結して、任務に臨んだ結果だと考える。任務を完遂できたことは大きな誇りであるが、この作戦で得た経験や教訓が必要とされるような事態が二度と起きないことを祈っている。

「オペレーションアクア」の概要

横須賀港務隊の通常の任務は、横須賀基地を使用する艦船などに対する後方支援である。それまで、大型曳船や油船などが東京湾を出て支援を実施することはなかった。私を含め港務隊員は、大型曳船が福島第1原発まで行くことになるとは夢にも思わなかったのである。

震災直後は、横須賀停泊中の艦艇の緊急出港を支援することであった。

3月12日午後3時35分、福島第1原発の1号機原子炉で水素爆発が発生し、自衛隊創設以来初となる原子力災害派遣が下令され、3月25日横須賀警備隊に対し、「オペレーションアクア」が下令された。

4月4日まで現地で活動した第1陣は、延べ5回、合計約5000トンの冷却用真水を福島第1原発へ海から搬送した。

横須賀港務隊は、3隻の大型曳船を派出し、米海軍提供の水運搬用バージを使用して、荒天や事故現場の津波被害、高い放射能汚染がある困難な状況下、横須賀港務隊が一丸となって任務に臨み、曳船乗員の強い精神力で無事に任務を完遂した。

遭難ヨット「エオラス」号乗員の洋上救難

白く砕ける波濤を越えた緊迫の人命救助

第71航空隊飛行隊員（当時）第31航空群司令部幕僚　3等海佐　中畑昌之

海上自衛隊第71航空隊（以下、71空）は、日本で唯一、飛行艇を運用している部隊です。現在、71空は、山口県の岩国航空基地において、外洋でも離着水可能なUS－1AおよびUS－2の2機種の救難飛行艇を運用し、洋上での航空救難、離島からの急患輸送、各種の災害派遣を任務としています。

今回は、これまで千回以上の実績がある洋上救難の中から、太平洋をヨットで横断中に遭難したニュースキャスターの辛坊治郎氏らを救助したときの状況を紹介します。

2013（平成25）年6月21日、当時、私は71空でUS－2の機長として勤務しておりました。その日は、飛行当直士官から「洋上救難事象発生の情報がある。すみやかに神奈川県の厚木航空基地に向かえ」という命令を受けたため、すぐにクルーに出発準備を指示し、厚木基地に向かいました。

到着後、海難事故情報の詳細について確認すると、太平洋を航行していたヨット「エオラス」号が沈没し、乗組員2人が救命筏で漂流していることを知りました。厚木基地で待機していた別のクルーが1番手として現場に向かい、岩国基地から派出された私たちのクルーは、厚木基地で待機をすることとなりました。

まもなく、私たちにもすぐに現場に向かえという命令が出されました。これから現場に向かうとなると日没にかかってしまいますので、少しでも早く出発できるようにクルーに準備を急ぐように指示しました。

悪天候のなか冷静に着水

厚木基地を離陸し、機内での作業が一段落したところで、クルーと任務について細かい打ち合わせをしました。

先発のUS‐2は、海面の状態が悪く、着水は不可能と判断していましたので、今後の天候予測や海面の波浪を計測した結果から、予想される着水の制約、任務を終えて基地に戻るまでの必要な燃料と現場に留まることができる時間など、現場で必要なすべての情報を細かく整理しました。

現場に到着すると、海面は一時的ながらも着水可能な状態であると判断しました。まず飛行艇が着水する際に目標として使用する発煙信号筒を投下し、着水の準備をしました。天候は良好ではなかったので、慌てず、一つずつ正確に操作手順を実行するよう心がけました。

現場周辺は、前線の影響による強風と低視界、そして日没前であったために、救助を待つ救命筏も先ほど投下した着水目標の発煙信号筒も見えにくい状態ではありましたが、状況を冷静に判断し、無事に着水することができました。

しかし、海面状態が悪かったため、着水後の減速中に、飛行艇の機首が下がることで水しぶきが発生し、四つあるエンジンのうち一つが停止してしまいました。

緊張の人命救助と離水の決心

先にヨットの乗員を救助するためにUS‐2に搭載されている組み立て式のゴムボートの準備作業をクルーに指示し、その後、停止したエンジンの異常の有無を確認しました。幸いそのエンジンには異常はありませんでした。

救助ボートの準備が終わると、クルーを漂流しているヨットの救命筏に向かわせました。高い波と日没前で周囲がどんどん暗くなっていくため、US‐2の機内からは救助の様子が見えなくなるような状況でしたが、救助ボートは無事に救命筏で漂流中のヨット乗組員2人を救助して戻ってきました。このときは、本当に安堵しました。

ヨット乗組員2人を機内へ収容するとともに、停止したエンジンを再起動しました。あたりの海面が徐々に暗くなってきたために早く離水したい気持ちがありましたが、はやる気持ちを抑えて、安全に離水できる海面状態になるまでタイミングを待ちました。離水を決意してから離水するまでの数秒間は、とても長く感じました。

着水時に停止したエンジンは、ほかの三つのエンジンにより厚木基地まで飛行可能と判断できたので、機器の保護のため上空で停止させました。

遭難者の忘れえぬひと言

厚木基地に向けて巡航飛行に移り、しばらくすると、救助した辛坊治郎氏と岩本光弘氏がコクピットに来ました。救助への感謝を述べられるとともに、その時の「この国に生まれてよかった」との言葉は忘れられません。これはまさに絶体絶命の海難事故に遭遇し、九死に一生を得た人のひと言だと強く感じました。

厚木基地に着陸すると、救助された両氏を取材するために多くの報道関係者がカメラを構えて集まっているのが見えましたが、それはいつもの救難任務の時にはない光景でした。

あの時、2人を救助できたことは本当によかったと思っています。しかし、US‐2の機長としては、どんな救難場面であっても、任務の大切さは一緒であると考えています。この任務を完遂することができたのは、この任務に関わった多くの自衛官が、私たちクルーを支えていたからです。

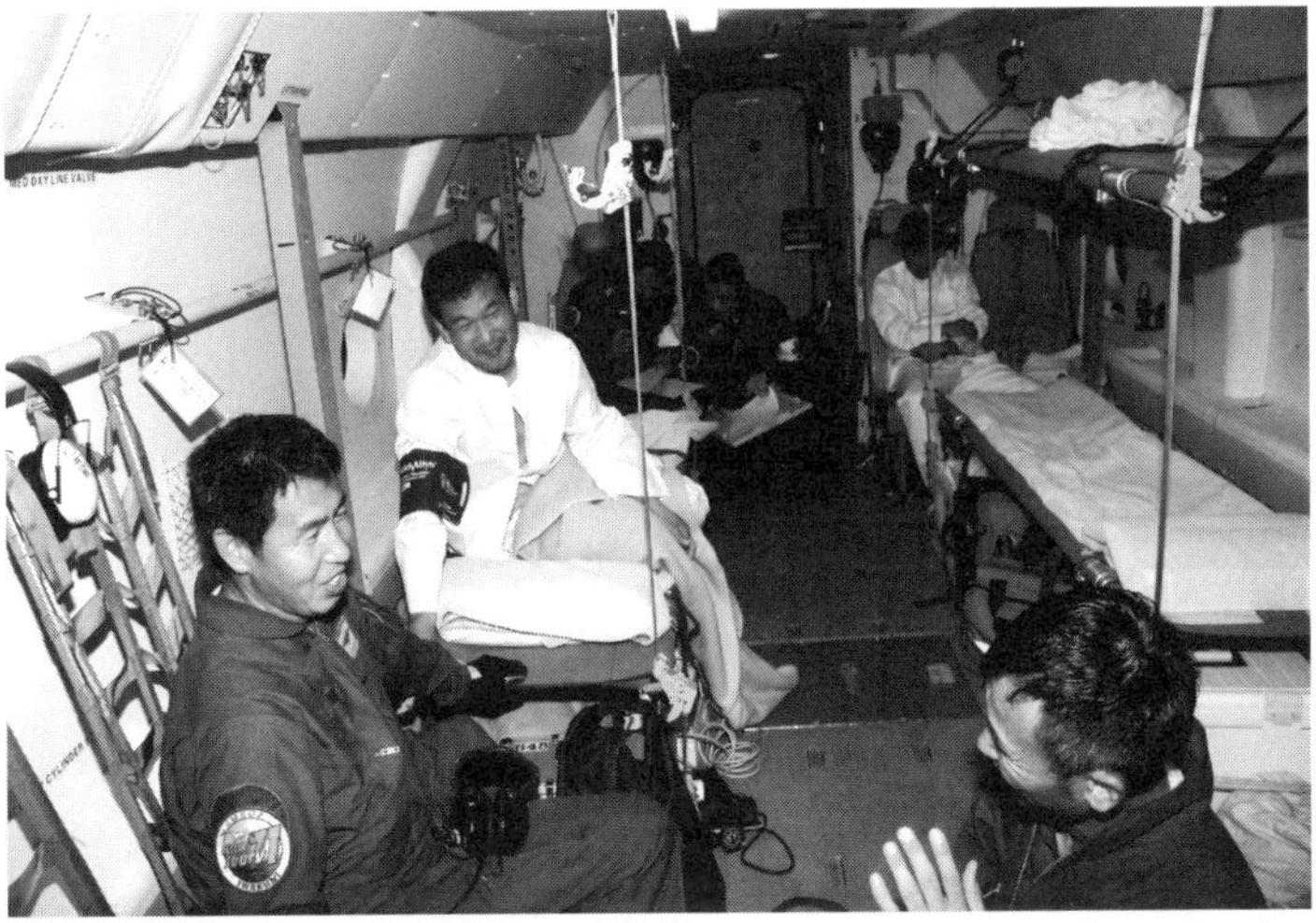

救難飛行艇US-2内での辛坊氏。救助のお礼とともに言われた「この国に生まれてよかった」という言葉は今も胸に残る。

今回の任務を無事完遂でき、あらためて自衛官という職業を選択したことを誇りに思っています。

「訓練に泣き、実動で笑おう」

千変万化の海上で運用することのできるUS‐2といえども、飛行艇のパイロットにとっては陸上からはるか遠い洋上での着水は、正直とても怖いものです。US‐2では、機長以下10人のクルーが救難任務に向かいます。もちろん、そのクルーには、それぞれの家族がいます。困難な状況、環境下、厳しい条件の中で着水の可否を判断する時、乗機のクルーの命と救助を求めている遭難者の命の重さに心が押しつぶされる思いになります。

「エオラス」号乗組員救難任務で、無事に救助ができたのは、日々の訓練の成果だと思っています。71空のモットーは「訓練に泣き、実動で笑おう」です。これを胸に、日々の訓練において技を磨き、また心を鍛えていたおかげで、あの時、重圧に耐え任務完遂できたのだと思います。

その強い心を持つことができたのは、自衛官という仕事が「やりがいと誇りを持てる仕事」だからです。

ヨット「エオラス」号乗組員の洋上救難の概要

海上自衛隊は、洋上で遭難した航空機や船舶の乗組員の救助、離島などからの救急患者の空輸に備え、水陸両用の救難飛行艇を運用している。

岩国航空基地と厚木航空基地に配備されている救難飛行艇は、これまでに千人以上の救難実績があり、洋上の船舶乗組員や離島に暮す人々にとっては、心強い存在となっている。

ヨット「エオラス」号遭難の現場は、宮城県の金華山沖約650マイル（約1万2000キロ）であり、海上保安庁からの要請により、US－2救難飛行艇がP－3C哨戒機とともに救助に向かった。

救難飛行艇は、波高3メートルの洋上でも離着水が可能な高い性能を有しているが、荒海の中で機内から救助ボートを出して現場に向かう救助作業は、乗員が一丸となってチームワークを発揮してこそ、成し遂げられる任務である。

「伊豆大島土砂災害」派遣

二正面作戦の相乗効果

東部方面総監（当時）磯部晃一

2013（平成25）年8月22日、私は東部方面総監に着任した。それから2か月足らずの10月15日、2週間後に開催する自衛隊記念日観閲式に備え、式場の朝霞訓練場の施設点検を実施するとともに、翌日最接近が予想される台風26号への荒天対策の準備を指示し、台風が過ぎるのを待った。

この日の深夜から翌朝にかけて、台風は伊豆諸島に猛烈な風雨をもたらし、「伊豆大島で大規模な土砂災害が発生」との情報が入った。

伊豆大島災害派遣は、いくかの点で特色があった。一つは離島での土砂災害で多くの行方不明者が発生したこと、二つ目は再度の大型台風の接近予報により二次災害の発生が懸念されたこと、三つ目は東日本大震災に次いで2番目の統合作戦による災害派遣であったこと、そして、東部方面隊としては自衛隊記念日観閲式を控え、二正面作戦を予期したことであった。

ここでは統合運用を円滑にするために取り組んだことと、現地における隊員の献身的な活動を紹介する。

統合任務部隊「椿」の編成

統合任務部隊（ＪＴＦ）の編成に至る過程は、次のとおりである。

10月16日午前、東京都知事から第1師団長に災害派遣要請がなされ、第1普通科連隊（練馬駐屯地）が伊豆大島に急行した。19日、私は現地に入り、災害現場を視察し、副連隊長以下、活動中の約400人の隊員を激励した。

この際、現地に派遣されている都庁や政府関係機関との連携の必要性を感じ、方面隊現地調整所を設置すること、また、二次災害を防止するためすみやかに部隊を増強することに決した。

20日には大雨のなか観閲式の総合予行をしつつ、統合任務部隊の編成のため統幕と調整を始め、21時49分、統合任務部隊編成の大臣命令が下された。朝霞駐屯地の東部方面総監部に統合任務部隊司令部を開設し、陸海空自衛隊から続々と増強幕僚が到着し、地下作戦室はごった返した。

東部方面総監部は、平素から首都直下地震や南海トラフ巨大地震の際には統合任務部隊を編成、対処にあたることになっており、このため毎年指揮所訓練を実施しているので、この時も迅速、円滑に統合任務部隊を編成、活動を開始することができ、日頃の訓練の成果を発揮した。

「椿」作戦のロゴマーク

統合任務部隊を編成、活動するに際して、陸海空自衛隊が一致団結、任務遂行にあたることが重要だと考え、統合任務部隊（ＪＴＦ）の呼称について、当初案の「ＪＴＦ‐ＯＳ《オーエス》（大島）」を却下し、「ＪＴＦ‐椿《つばき》」とした。ＯＳというアルファベットのネーミングでは無機質な印象なため、伊豆大島のシンボルが「椿」であることから、椿の花を再び被災地に咲かせよう、という思いを込めたのだった。

また、統合任務部隊のシンボルマークも作った。緑色（陸自のイメージカラー）の大島の真ん中に大島椿の花を、その周りは海自（紺色）と空自（水色）のイメージカラーをあしらった缶バッチを作成して、隊員に配布した。

「JTF-椿」のシンボルマーク

のちにこれが好評を博し、自衛隊員のみならず大島町役場や消防団の方々も着け始めた。そして、10月27日の観閲式終了後、朝霞の式場から直接、陸自大型ヘリコプターで伊豆大島を現地視察された安倍総理大臣の胸にもこのバッチが輝いていた。

また、「ＪＴＦ‐椿」を編成するに際して、次のようなスローガンを掲げた。

一つ「活動のすべては大島の人たちのために」、二つ「陸海空の心を一つに」、三つ「各員の使命を自覚し行動する」ことを誓って全隊員が任務にあたった。このようにして「JTF - 椿」は統合部隊としてまとまっていった。

隊員の献身的な活動

現地での隊員の献身的な活動は、大島の人たちに安心感と信頼感を与えた。19日の現地視察においては、激励した中隊長からも隊員からも「大丈夫です」「屋根がある体育館で仮眠できるので、演習よりはましです！」と心強い言葉が返ってきた。

災害発生当初から4日間ほとんど不眠不休で活動にあたっており、本当は体力的に限界に達していたと思う。

また、その時、一等陸士の階級章をつけた新隊員を見つけて声をかけると、「先輩がいろいろ教えてくれるので心配はありません」と元気な声が返ってきた。新隊員もこうした経験を積み重ね、たくましくなっていく。

東北方面隊から駆けつけてくれたのが、第44普通科連隊ほかの精鋭たちであった。彼らは福島駐屯地などから入間基地に直行し、深夜、休む間もなく空自輸送機に搭乗して大島に向かった。入間で出迎えた時に、中隊長から「東日本大震災の恩返しに来ました！」と言ってくれた時は、本当に熱いものを感じた。

続く台風27号の接近にともない、10月25日15時、全島に避難勧告が発令された。二次災害が最も懸念される状況に鑑み、町役場と話し合い、隊員は全島の避難所に分散配置し、島民とともに一夜を過ごした。まさに自衛隊は大島島民とともにある、という強いメッセージとなって島民の皆さんの心の支えとなった。

不眠不休で土石流を除去する救助活動中の隊員

使命の自覚と行動の重要性

現地では災害発生後も断続的に大雨が降り、捜索活動は中断を余儀なくされ難航した。また地盤もゆるくなっており、いつ二次災害が発生するかも知れない予断を許さない状況であった。

さらに陸自ヘリはもちろん、海自および空自による大島への輸送は昼夜を分かたず、きわめて厳しい運航条件の下で頑張ってくれた。

その厳しい現場において、各級指揮官、幕僚、最先任上級曹長はじめ全隊員が「各員の使命を自覚して行動」してくれたおかげで、安全無事に任務を終えることができたと思う。この気持ちは翌2014(平成26)年9月の御嶽山火山噴火災害派遣の際にも同じように臨み、同じ結果を出してくれた。

大島災害派遣と観閲式の二正面作戦による相乗効果

当時、朝霞訓練場では観閲式に向けた準備を、そして大島では捜索救援活動を懸命に行なっていた。伊豆大島の派遣隊員は、朝霞で観閲式に向けてみんな頑張っているんだから、われわれも一刻も早く「行方不明者を探し出そう!」と一所懸命であった。

また観閲式に臨んでいる隊員は、大島で頑張っている同僚のためにも「観閲式を成功させるんだ!」という声が沸き起こり始めた。まさに二正面作戦が相乗効果をもたらした。

そして、11月8日、都知事から災害派遣の撤収要請がなされ、最終的に同月16日、「JTF-椿」を解組し、1か月にわたる災害派遣を終了した。伊豆大島の力強い復興を祈念するとともに、出動したすべての自衛隊員に感謝している。

「伊豆大島土砂災害」派遣の概要

２０１３（平成25）年10月11日に発生し、10月16日に関東地方に接近した台風により、伊豆諸島の伊豆大島で記録的な大雨となり、土石流により甚大な被害が発生しました（「伊豆大島土砂災害」とも呼ばれています）。これにより、36人が死亡、22人が重軽傷を負い、３人が行方不明となりました（２０１４年１月15日現在）。

自衛隊は、離島であり交通が困難な伊豆大島であることを考慮し、陸海空の輸送力を統合するため、東部方面総監を指揮官とする統合任務部隊を編成、人員・器材の輸送、捜索活動などを実施しました。派遣期間23日、延べ派遣人員６万４０１３人、車両４６３１両、航空機３３５機、艦艇51隻に及びました。

「広島豪雨」災害派遣

行政にとって自衛隊は「最後の砦」

第13旅団司令部幕僚長（当時）山本雅治

２０１４（平成26）年８月20日未明、悪夢の始まりでした。

第13旅団司令部（海田市駐屯地）は災害発生前日の19日21時26分から広島県全域に出された大雨警報により、第1種非常勤務態勢をとっていました。そして災害発生当日は、災害派遣要請前の5時50分から県庁へ連絡員を派遣しておりました。そして6時30分、広島県知事からの災害派遣要請を受け、すみやかに災害派遣部隊（第46普通科連隊、第13施設隊基幹）を海田市駐屯地から派遣しました。

災害発生後から72時間以降は人命救助の生存率が下がることから、約５００～８００人態勢をとり、昼夜を問わず人命救助を主体とした活動を実施しました。

また、広島県庁に設置された政府現地対策本部に副旅団長が出向き各種調整を行なうとともに、現場では警察、消防、国土交通省など諸機関と連携して協同で捜索・救助にあたりました。

24日から避難所における入浴支援を開始し、9月10日に警察、消防などと協同で約3200人をもって一斉捜索を実施し、翌11日に広島県知事からの撤収要請を受けて、災害派遣を終了しました。この間、旅団は音楽隊を含むほぼ全隊員が現場に出動しました。

集中豪雨で土砂災害を引き起こし住宅地を飲み込んだ。

「広島豪雨」災害派遣の特性

本災害の1つ目の特性として、災害発生場所の「狭隘《きょうあい》・限定的な道路など」が挙げられます。被害が大きかった広島市安佐《あさ》南区の八木地区は狭隘な地域が多数あり、土木機械や大型トラックの通行を制限していました。このため小型ドーザなどの比較的小さな機材が活躍しました。

また、用水路や河川なども多数あり、腰までの長さの胴長を着用して行方不明者の捜索を実施しました。

2つ目の特性として、「自治体機能の健在および民間の協力」が挙げられます。東日本大震災では、自治体や行政機関の機能が損なわれ、地元の民間企業や組織の協力は得られない状況がありました。

本災害では、自治体の機能に被害が及ばなかったため、国・県・市が災害の状況、避難者の状況、部隊の活動状況などについて情報の共有、常に認識を合わせることができ、被害、対処の全体像を捉えて、旅団長の状況判断、行動決定を補佐することができたと思います。

また、自衛隊にとっても人命救助の段階から応急復旧の段階へ、自衛隊から民間企業への復旧・復興への橋渡しがシームレスにできたことで、市民の皆さんの不安や負担を軽減できたと感じています。

次に、民間企業や組織からの協力ですが、自衛隊は多くの人員、車両、器材を運用するため、被災地近傍に多くの活動拠点が必要になります。また、活動に必要な装備品、器材なども不足することがあります。このような場合、被災地近傍の店舗や学校、民間企業や団体が保有、提供される資器材や施設などが災害派遣活動にはとても大きな力になります。

実際に本災害では、パチンコ店の駐車場を現地調整所として、また小・中・高校などのグランド、体育館などを活動拠点として使用させていただき感謝しております。

災害派遣のあいだ、われわれの活動を支えてくれたのが、市民の皆さんの温かい声援でした。この声に応えるべく、第13旅団の隊員は一丸となって任務遂行にあたりました。

今回の広島豪雨土砂災害では、広島の戦国武将「毛利元就」の教えである「百万一心」を合言葉に、これを記したステッカーを一人ひとりのヘルメットに貼って活動しました。2016（平成28）年4月に発生した熊本地震における災害派遣でもこのステッカーを貼って活動したと聞いております。

倒壊家屋からの住民を救助する隊員

行政と自衛隊の橋渡しに

現在、私は広島県危機管理課防災担当監として行政組織に身を置いています。

自衛隊はいわば「即断・即応こそが本領発揮」の組織ですが、行政は直ちに動くというよりも、しっかり熟慮した上で審議し、議会に諮《はか》ってようやく物事が決まるという世界です。

当然のことながら自衛隊においても、同じように時間をかけて物事を決め、組織を動かす分野もありますが、行政の業務は定められた手順、手続き、決裁を経て進めていくのが原則です。

したがって、組織上も危機管理的運用が可能な態勢ではないため、緊急事態においては、自衛隊、警察、消防などの実動組織に頼らざるを得ません。行政にとっては「最後の砦である自衛隊」は頼もしく、かつ、とてつもない大きな組織であるといえますが、反面で自衛隊のことをほとんど知らないというのが実情です。

そういった意味では、われわれ自治体に勤務する自衛官OBは現職自衛官と連携しながら、自衛隊のことを少しずつでも理解してもらえるよう努力することが重要であると思います。

「広島豪雨」災害派遣の概要

この豪雨土砂災害は、2014（平成26）年8月20日、陸上自衛隊海田市駐屯地から北北西約10キロの広島市安佐南区と安佐北区で発生した。

同一場所で長時間雨が降り続く「バックビルディング現象」により、時間降雨量100ミリ、24時間雨量300ミリの集中豪雨が土砂災害を引き起こし、あっという間に住宅地を飲み込んだ。人的被害は、広島市全体で77人（関連死3人を含む）が亡くなった。

第13旅団は、8月20日から9月11日までの約3週間にわたり災害派遣を実施した（人員延べ2万1277人、車両延べ4934両、航空機延べ118機）。

また海上自衛隊呉地方総監部所属の警備犬2頭が行方不明者捜索に参加した。

「御嶽山噴火」に伴う災害派遣

厳しい状況下での捜索救助任務

第13普通科連隊長（当時）1等陸佐 後藤 孝

2014（平成26）年9月27日午前11時52分、快晴の空の下、美しい紅葉、週末でたくさんの登山客で賑わう御嶽山《おんたけさん》が突如噴火し、死者58人、行方不明者5人（2015年11月末時点）を出す戦後最悪の火山噴火災害となりました。警察および消防との合同による20日間に及ぶ災害派遣について、地上からの捜索救助にあたった部隊・隊員の活動を紹介します。

再噴火の脅威のもと捜索救助活動

災害発生当時、私は米国ワシントン州ヤキマ演習場において米陸軍との共同実動演習の訓練担任官として、連隊本部の主要幕僚や増強第2中隊などを率いて参加し、約1か月間にわたる演習を終えたところでした。帰国を翌日に控えた深夜、宿泊していたシアトル市内のホテルの部屋で第一報に接しました。

米国へ向け出発する前、大規模災害が発生した際に、私や主要幕僚が不在でも残留部隊が支障なく迅速な行動がとれるよう残留指揮官である副連隊長と綿密な計画を練り上げており、山岳連隊の伝統を継承し、3000メートル級の山々を踏破できる第13普通科連隊（松本駐屯地）の隊員たちを信頼していましたので帰国するまで一切の報告を求めませんでした。

災害派遣要請を受けるや、副連隊長は事前の計画どおり、1時間以内に初動対処部隊約40人を派遣するとともに、第3中隊長率いる約70人、第1中隊長率いる約90人を逐次出発させました。

同時に、長野県王滝村役場に現地指揮所を開設、翌28日早朝、各中隊長が指揮する地上救助部隊が警察、消防の隊員とともに、登山者の遭難現場である火口付近に向け徒歩で前進を開始しました。

派遣された隊員たちは、再噴火および火山性ガスから身を守るため鉄帽、防弾チョッキ、防護マスク、ゴーグルの重装備で、化学科隊員の携行するガス検知器で安全を確認しながら険しい山道をものともせず前進し、生存者を次々と保護しました。

そして、第12ヘリコプター隊のUH‐60多用途ヘリコプターは、地上部隊が保護した登山客23人を次々に移送しました。火山灰を吸入するとエンジン停止の恐れもある状況下で、ヘリのパイロットたちは空気の薄い山頂付近では難しいホバリングをしながらのホイストによる吊り上げ救出を果敢に実

再噴火に備えながら、重装備で行方不明者を捜索する隊員

施しました。

この28日の活動を終了した夕刻、成田空港に帰国した私は、3科長と運用訓練幹部をともなって先行し、29日午前1時過ぎに王滝村の現地指揮所に到着、直ちに地上救出部隊の指揮を執りました。

その際、初動対応を見事に指揮した副連隊長の労をねぎらうとともに、現場での危険を顧みず身をもって任務を完遂していた隊員たちを誇りに思いました。

火山灰と悪天候との戦い

9月29日時点の被災者の状況は死者15人、行方不明者48人であり、依然終わりの見えない状況でした。

そこで、警察が被災者から聞き取った行方不明者の動線情報に基づき、「点と線の捜索」を実施するため、第12旅団から配属された第2普通科連隊（高田駐屯地）第1中隊と、米国から帰国した第2中隊を加え、4個中隊を2個中隊ずつ2日間交代で運用することとし、残りは戦力回復のため松本駐屯地に帰還させ休養させる態勢を作りました。

また、大型のCH‐47輸送ヘリコプターは、非常にダウンウォッシュ（ヘリのローターが起こす下方へ吹きつける気流）が強く、地表の火山灰を巻き上げる危険があり、かつ広い着陸地積が必要であるため、まず第12ヘリコプター隊が運用検証を実施し、その結果、10月1日から捜索救助活動に用いることとしました。これにより、警察・消防を含む捜索救助隊の半数の約150人の空輸が可能となり、現場での捜索時間の確保と捜索隊員の疲労軽減ができました。その結果、新たに32人のご遺体を収容することができました。

しかし、10月2日午後から3日にかけた降雨により、4日以降の山頂付近は火山灰が泥ねい化し、その粘着力も強いため、前進に時間を要するようになり、捜索も難航しました。

それでも新たに4人のご遺体を収容し、行方不明者が12人となったところで、台風18号の接近にともなう大雨で5日、6日の捜索が中止となりました。

「点と線」の捜索から「面」の捜索へ

連隊は7日以降、捜索要領を隊員が一直線の横隊になって、くまなく捜索する「面の捜索」へ移行することに決し、第2普通科連隊第1中隊に代わり、新たに第30普通科連隊（新発田駐屯地）第3中隊、第12特科連隊（宇都宮駐屯地）第2中隊の配属を受け、第13普通科連隊の4個中隊と合わせた6個中隊を3個中隊ずつ2日間交代で運用することとしました。

また、「面の捜索」の区割りと捜索統制を行なうために第12施設隊（新町駐屯地）の配属も受け、CH-47ヘリの運航機数も増加し、捜索救助隊の半数を超える250人から300人の隊員が、空輸と徒歩に分かれて前進しました。場所によっては腰や首まで浸かるほどぬかっており、捜索救助活動は困難をきわめましたが、12日までにさらに6人のご遺体を収容したところで、再び台風19号の接近により捜索救助活動が中止となりました。

そして、台風通過後の15日以降は寒気が流れ込み、御嶽山は初冠雪《はつかんせつ》になるとの予報を受け、捜索できる時間はわずかと判断、15日より全勢力を投入して捜索を実施しました。朝方は凍土を崩し、日が昇るにつれてぬかるむ火山灰を掘り起こしての懸命の捜索でしたが、残る6人の行方不明者を発見することはできず、10月16日14時28分、捜索救助活動を終了しました。

同日18時15分、長野県知事の苦渋の決断により捜索活動の一時中止の決定と自衛隊に対する災害派遣撤収の要請が出されました。

得られた教訓と成果

本災害派遣を通じて、日頃の「厳しい教育訓練による透徹した使命感の涵養《かんよう》と任務必遂《ひっすい》の自信の付与」がいかに重要であるかを再認識することとなりました。

また、平素から関係諸機関と連携して防災訓練やテロ対処訓練などを実施していましたが、今回、現地指揮所で毎日夕刻に主催した共同作戦会議の場、そして現場の中隊長の強いリーダーシップや隊員の献身的な活動により、関係諸機関の皆さまに自衛隊の「組織力」の素晴らしさを肌で感じていただき、「顔の見える関係の強化」が図ることができました。

さらには「想定外を排した安全管理の徹底」により全隊員が無事任務を完遂し、迅速に帰還した姿をもって、国民・県民の皆様の信頼に応えることができたものと確信しております。

「御嶽山噴火」災害派遣の概要

２０１４（平成26）年9月27日に発生した御嶽山（長野・岐阜県境、３０６７メートル）の噴火災害では同日14時31分、長野県知事からの災害派遣要請を受け、第12旅団長の命令により「地上救出部隊」として増強第13普通科連隊、「空中救出部隊」として第12ヘリコプター隊ならびに「救出全般支援等部隊」として旅団・方面直轄部隊などをもって「災害派遣部隊」を編成し、警察・消防と共同しての捜索救助活動を実施した。

10月16日18時15分、知事の年内捜索の一時中止の決断により、自衛隊に対する撤収要請があり、延べ人員７１５０人、車両１８３５両、航空機２９８機を投入した20日間に及ぶ災害派遣が終了した。

翌15年7月3日、再び知事より御嶽山噴火災害行方不明者の捜索再開にともなう災害派遣要請を第12旅団長が受け、ヘリコプターによる輸送支援を実施し、7月31日に1人の行方不明者を収容し、8月6日再捜索を終了した。

「関東・東北豪雨」災害派遣

関係機関と緊密な連携のもとに任務遂行

第4施設群長（当時）教育研究本部主任教官 1等陸佐 武隈康一

2015（平成27）年9月7日の夕刻から関東、東北地方上空に発生した線状降水帯による大量の降雨は、大きな被害をもたらした。なかでも10日の鬼怒《きぬ》川氾濫にともなう茨城県常総《じょうそう》市の被害は、市内約半分の地域が冠水、ライフラインが途絶するなど甚大な規模であった。

この時、同地で災害派遣の現地調整所長兼ねて施設科部隊指揮官を務めた立場から、部隊の活動概要および体験を述べたい。

10日朝、茨城県知事の派遣要請を受けて開始された本災害派遣活動は、大きく二つの段階に区分される。

第1段階は、テレビニュースなどでも報道されたように、13日頃まで行なわれた陸海空自衛隊、警察、消防、自治体のヘリコプターによる空からの捜索救助、そして地域を担任する陸自部隊を中心とするボートなどによる陸からの救助である。

第2段階は、指揮系統を整理し、第1施設団長堀井泰蔵陸将補（当時）の指揮下、第1普通科連隊（練馬駐屯地）、第4施設群（座間駐屯地）が基幹部隊となり、自衛隊、警察、消防、国交省が相互に連携して行なった行方不明者の捜索、安否確認、給水・入浴支援、防疫活動、水防工事、排水作業など、さらには陸自が中心に行った情報支援である。

高い練度を活かした被災者の救助

今回、被災地上空で活動した航空機は、陸海空自衛隊だけでも併せて延べ105機にのぼる。

初動の被害情報が交錯するなか、たとえば百里基地の空自部隊は、知事からの災害派遣の要請を受

冠水地域に取り残された住民をヘリで救出する（常総市）

けた陸自施設学校との調整段階で直ちに準備に着手した。陸自も、第12旅団、東部方面航空隊、第1師団、航空学校、第1ヘリコプター団の順にいち早く現地に航空機を投入し、救助活動を開始した。

ある被災者から「自衛隊機に救助される時も、降りたあとも大変親切にしていただいた。こんなに優しい人たちがいるのかと涙が出た」との感謝の言葉をいただいた。

救助活動中、狭い空域に複数の機関の航空機が同時に活動していたが、1件の事故も発生しなかった。この要因は、陸上自衛隊が保有する地上レーダー（航空管制装置P‐20）により航空機位置情報を当該空域を飛行する全航空機に情報提供したことに加え、東日本大震災などでも、同種の任務を体験した操縦士たちの高い練度によるものと考えられる。

腰まで水に浸かりながら行方不明者を捜索する隊員

行方不明者の捜索・救援、安否確認

私が現地に派遣された12日頃は、冠水の全体像が不明確のままであった。そこで現地到着と同時に常総市役所と第4施設群とによる合同偵察を行ない、冠水地域を含む被害状況の概要を明らかにした。ここで得た情報については、関係諸機関および各避難所に提供し、その後、この情報収集については、第1偵察隊が引き継ぎ、日々情報を更新し提供し続けた。

これが現場の混乱を鎮めるとともに、その後の計画的な救援活動に大きく寄与した。なお情報収集中に冠水地域の水深を正確に測ろうとして溺れかけた隊員も複数いた。あわや二次災害につながりかねない命がけの任務だった。

本来、行方不明者捜索とは届け出を根拠に行なうものだが、この災害では当初、届け出がないまま、行方不明者15人という数字だけが先行した。また安否確認については、昼は自宅、夜は避難所という住民が多かったため正確な数字の把握が難しかった。

第1普通科連隊を基幹とした捜索・救援にあたる部隊は、ある時は肩まで水に浸かりながら着実に捜索活動を行なった。並行して実施した安否確認については、警察と連携しつつ、住民不在の家屋に対しては何度も訪問するとともに、確認のための連絡先を記載した張り紙を戸口に掲示するなど確実に成果を挙げていった。

15日、県警本部による「行方不明者なし」との発表があったが、それ以降も「所用などで、たまたま市内を訪れたり通行中に遭難された方もいるのでは」との認識を市長以下、関係諸機関で共有し、徹底的な捜索を行なった。これについても多くの市民から「そこまでしてくれるのか」との感謝の声も伝わってきた。

被災者の心に響いた給水・入浴・防疫活動……

気温、湿度ともに高い時期であったこと、上水施設が故障したことから、水の需要は高く、12日から本格的に給水支援を開始した。また、被災者のストレスをやわらげるためにも入浴施設の開設・運営が強く要望され、14日からは入浴支援を開始した。本活動は第1後方支援連隊（練馬駐屯地）を主体に行なわれ、多くの方々から感謝された。

また小中学校などの早期再開を求める要望に応えるため、上級部隊から追加命令を受け、防疫《ぼうえき》活動に併せ、校舎およびグランドの清掃や整地を行なった。この作業を実施した学校の、ある校長先生からは「こんなにきれいにしてもらえるとは期待していなかった」と丁重にお礼を述べられた。

連続不断の水防工事および排水作業

鬼怒川の決壊箇所はテレビニュースでも大きく報道されたが、日々の情報収集の結果、市内中央を南北に流れる八軒堀《はっけんぼり》川の決壊が市南部地域の冠水に影響を与えている可能性があり、さらに降雨があれば二次被害の要因となることが明らかとなった。また、冠水地域全域にわたる行方不明者の捜索も排水作業が進捗しなければ実施できないことも明白であった。

このため、施設科部隊は八軒堀川の3か所の決壊箇所を大量の人力を投入して補修した。これに並行して水道《みずみち》を土木機械で作りながら、排水ポンプを東部方面隊各隊から現地に集め、国土交通省の排水ポンプ車と連携しつつ被災地全域にわたる排水作業を行なった。

国土交通省の担当者が、先の東日本大震災で自衛隊と協同で同種作業を行なった経験があったため、連携は円滑に行なわれ、情報部隊からの情報をもとに捜索・救援部隊の活動に先行して効率的に排水を実施した。

隊員は、昼夜の連続作業により寝る間もほとんどない状態であったが、「地元の早期復旧のため

決壊箇所の水防工事を実施する施設科部隊

に」との強い思いで任務を遂行し、その結果、18日夜には冠水地域がほぼなくなった。

19日、自衛隊、警察、消防による合同捜索終了をもって茨城県知事から撤収要請が出され、自衛隊はこれを受理、すべての任務を終了した。この間、1件の事故もなく、最後は常総市民の温かい見送りを受けつつ、現地をあとにした。

市長から「2千人に及ぶ人命を救っていただき感謝します。自衛隊の皆様の活動による成果を基盤として、復興に向け、取り組みます」との送別の挨拶をいただいた瞬間、本派遣活動に従事した全隊員の真摯な努力が実を結んだと強く感じた。

「関東・東北豪雨」災害派遣の概要（常総市）
２０１５（平成27）年９月10日、鬼怒川の堤防決壊で常総市内の約半分の地域が冠水。死者２人、床上浸水4400戸、床下浸水6600戸（9月15日、茨城県災害対策本部発表）の被害が発生した。

自衛隊は茨城県知事からの要請を受け、当初は現地部隊を中心に、13日から第1施設団長を長とし孤立者の救助、ボートによる避難支援、行方不明者の捜索、給水支援、入浴支援、防疫活動、水防活動を9月19日まで従事した。

派遣規模は、人員延べ7535人（現地活動従事者）、車両2150両、航空機延べ105機、ボート約180隻に及び、活動実績は、避難支援計2015人（地上からの支援1292人、航空機による支援723人）、行方不明者捜索1人、給水支援7万6300リットル、入浴支援1554人、防疫支援4か所、水防工事3か所だった（派遣規模および実績ともに防衛省HPから引用）。

「熊本地震」災害派遣（1）

自衛隊と自衛官時代の教育に感謝

熊本県危機管理防災企画監　有浦　隆

2016（平成28）年4月14日以降、熊本県と大分県で相次いで発生した熊本地震は、観測史上初となる震度7の地震がわずか28時間の間に2回も、かつ同一地域で発生するという大地震でした。その被害は甚大なもので、死者140人（関連死含む）、住家被害約16万棟、避難者約18万人（県民の約1割）、また幹線道路の寸断や電気、水道、ガスなどのライフラインの停止など、県民の生活を支えるインフラに大きな被害が生じました（停電約45万件、ガス供給停止約10万件、断水約39万件）。

さらに、日本三大名城の一つである熊本城のほか、水前寺成趣園や阿蘇神社など、熊本県民の「宝」というべき文化財も大きな被害を受けました。

このような極限状態のなかで、熊本県は自衛隊の頼もしい支援をいただきながら、これまでに経験したことのない未曾有の大災害に立ち向かっていくことになりました。

自衛隊に学んだ県災害対策本部の初動対応

熊本県は、前震が発生した4月14日21時26分に災害対策本部を設置し、被害情報の収集や関係機関との調整を開始するとともに、初期段階における救出・救助の態勢を整えました。

初期の災害対策本部の運営については、後述のとおり自衛隊方式をもって本部運営を行ない、初期の指揮命令系統を確立することができました。また、事前に作成していたマニュアルにより、大きな余震が続く混乱のなかにあっても、関係職員が示されたグループに分かれてよくその役割を果たしました。

災害対処活動中、現地対策本部長の松本内閣府副大臣や、応援の他県職員が「熊本県は指揮系統がしっかりしている」との発言があったのは、まさに自衛官時代に学んだ方式を用いることができたからだと感謝しています。

また今回、県庁各部局と自衛隊、警察、消防などの実動部隊が密接に連携するため、「活動調〈県行政史上初導入の作戦会議〉を開催し、県の方針を伝えるとともに、捜索や人命救助などの実施方針や課題などを調整しました。

県庁職員、自衛隊、警察、消防による活動調整会議（中央が有浦氏）

この際、情報共有や状況分析の手法として、自衛隊の状況図や行動図（一例では地図上に透明のシートを置き、そこに部隊の位置や動きを逐次書き入れて表示、状況把握を容易にする）、グリッド地図（地図上に定められたルールで等間隔の格子線＝グリッドを入れて区画を表示、番号を付けて位置情報を共有する）などを活用したことにより、県内のどこで被害が発生しているのかなどをはじめとした重要な情報を的確に把握・提示することもできました。

しかしながら、災害発生初期から対処しなければならない建物被害認定などの「災害発生後の行政事務」においては大きな課題が残り、以後、修正しなければならない事項が明らかになりました。

献身的かつ円滑な人命救助

人命救助は災害発生から72時間以内がとくに重要な時

間といわれています。自衛隊、消防、警察などは、地震発生直後から捜索・救助活動を開始、その結果、総数で1713人（自衛隊だけで1255人）が救助されました。

熊本県の地震災害の被害想定（2013年3月作成）では死者数は約千人にのぼるとしていましたが、自衛隊などによる夜を徹しての献身的かつ円滑な救助活動がなければ、想定を大きく上回る数の被害者が発生した可能性があったのではないかと考えています。

とくに道路が寸断されていたため、孤立した地域におけるヘリコプターによる被災者の救助や支援物資の輸送は、たいへん効果的でした。さらにヘリコプター搭載の映像伝送装置による現地の映像は、つねに最新の被害状況を把握することができ、捜索・救助における活動方針を決定する上で、きわめて有効でした。

課題が明らかになった物的支援

災害時の支援物資の供給方法としては、被災地のニーズに応じて物資を調達・供給する「プル型」支援が基本ですが、災害発生直後は正確な情報把握に時間を要する上に民間の供給能力が低下するため、被災自治体のみでは必要な物資量を迅速に調達・供給することは困難です。

このため、今回の地震では「プッシュ型」支援が採用され、この実施に関して、物資集積拠点までの輸送に自衛隊の支援を受け、大量の水や食料が被災地に届けることができました。

一方で、行政としては課題も残りました。国では支援物資を集積拠点まで輸送し、市町村がそこから各避難所までの輸送を行なう計画であったため、トラックや人員不足で避難所に物資が行き渡らない、つまり「ラストワンマイル」に手が届かない実情が浮かび上がりました。

また、いつ、何が届くのか情報提供がなかったことも混乱を招き、さらに被災者のニーズは日々変化するため、それが避難所の効率的な運営を阻害しました。

そこで提案ではありますが、国の支援のやり方として、これらの課題を解決するため、災害対応時における物資支援は、支援する側が物資を送り出す前に、配布する物を1人分ずつセットにして各避難所まで直接送り届け、荷卸《におろ》しまで行なう自己完結型による物資支援が効果的だと考えます。

すなわち、避難者が必要とする物品を入れた「セット、パック、リュック」による「避難所直接配布方式」です。この際、用意する物品の内容は女性や子供目線での要望に配慮しなければなりません。

自衛隊との「顔が見える」連携

熊本県は歴史的経緯からも、日本一「親自衛隊」県であると自負しています。毎年秋には、西部方面総監部がある健軍《けんぐん》駐屯地横の自衛隊通り（市道）において観閲行進が行なわれ、春には桜が乱舞し、通りは歩行者に開放されて花見に訪れる市民でいっぱいになります。

北熊本駐屯地には第8師団も所在しています。県としては、歴代の西部方面総監や第8師団長をはじめとした自衛隊の皆さまと「顔が見える関係」の構築を重視しているため、良好な関係を維持しています。つね日頃のこのような相互の努力は、平時はもちろん災害など緊急時の迅速な連携に直結しているため、たいへん重要です。

震災発生直後からさまざまな局面において、自衛隊をはじめ関係諸機関による献身的な協力で、多くの県民の命を救うとともに、初動対応を迅速かつ適切に行なうための土台を作っていただきました。とくに実働組織を持たない行政機関にとっては「最後の砦」である自衛隊の活躍と存在感は、とても言葉では言い表せません。

「迷彩服を見ると安心する」という県民の言葉は、自衛隊に寄せる信頼の厚さを物語っていると考えます。自衛官OBとして、自衛官を子にもつ親として、自衛隊は頼もしい存在であるとともに誇りです。心から感謝しています。本当にありがとう。

「熊本地震」災害派遣の概要

「熊本地震」は、熊本県熊本地方で2016(平成28)年年4月14日夜と4月16日未明、震度階級で最も大きい震度7を観測する地震が2度発生し、熊本県と大分県に甚大な被害を与えました。

この地震により、死者267人、負傷者2804人、最大避難者は18万3882人に及びました。

また住宅の全壊8673棟、半壊3万4726棟、一部破損16万2479棟を数え、なかでも熊本城の大天守が崩壊し、話題になりました。

自衛隊は、陸海空自衛隊部隊からなる最大約2万6000人の「統合任務部隊（JTF）」を編成し（指揮官は西部方面総監）、人命救助、物資輸送、生活支援活動の3つの任務を同時並行的に行ないました。**その**内容は、人命救助者数約1300人、給食支援約91万食、給水支援約1万トン、入浴支援　約14万人、医療支援約2000人。派遣期間46日間（4月14日～5月30日まで）、延べ派遣人員81万4200人、航空機2618機、艦艇300隻に及びました。

「熊本地震」災害派遣(2)

災害派遣で自衛隊の果たす役割

第8師団長(当時)中部方面総監 陸将 岸川公彦

2016(平成28)年年4月14日、当時、第8師団長であった私以下、師団司令部は、演習のため宮崎県の霧島演習場にいた。21時過ぎ、突然大きく長い揺れに襲われた。揺れが収まったあと、テレビをつけると、熊本城から白い煙のようなものが出ている映像が目に飛び込んできた。その瞬間、熊本が大変なことになっていると感じた。すぐに演習場の作戦室に駆け込むと、すでに多くの幕僚が熊本の状況を確認していた。

この日から、約45日間に及ぶ師団の熊本地震への対応が始まるが、2日後に再び熊本が大きな地震に襲われることなど誰も知る由がなかった。

本震発生までの即時救援活動（4月14日～16日）

14日の夜、司令部の幕僚は第8飛行隊のヘリコプターに搭乗し、演習場から北熊本駐屯地へと急いだ。熊本に近づくにつれ、眼下に多くの緊急車両などが慌ただしく動いているのが見えた。ただならぬ状況であることは上空からでもわかった。しかし、火災などは確認できなかった。

この時、現場では蒲島郁夫熊本県知事からの災害派遣要請を受け、すでにファースト・フォース（初動即応指定部隊）や第42普通科連隊（北熊本駐屯地）などが活動を開始していた。

夜が明け、被害の状況が逐次明らかとなった。熊本県の中部に位置する益城《ましき》町一帯で多くの家屋が倒壊し、複数の行方不明者と多くの帰宅困難者が発生していた。このため、自衛隊は益城町を中心に、①行方不明者の捜索と救助、②帰宅困難者に対する生活支援を行なった。

現場では、すでに部隊が整斉《せいせい》とこれらの活動に着手しており、このまま順調に進めば、事態は収束に向かうものと思われた。

そうしたなか、16日深夜、運命の1時25分を迎えるのである。突然遠くから何か大きな波が押し寄せてくるように感じたと思った次の瞬間、激しい縦揺れと横揺れが起こった。

統合任務部隊の編成と生活支援活動（4月16日～5月9日）

これがあとで言われる熊本地震の本震だった。熊本市とその周辺全域で停電、一瞬にしてブラッ

被災した子供たちに優しく飲料水を渡す隊員

ク・アウトとなり、その後の不気味な静けさから相当の被害が発生していることが容易に想像できた。

そして夜が明け、災害の様相がこれまでと一変していることが明らかとなった。被災地域が熊本県だけでなく大分県の一部にまで広がり、かつ阿蘇大橋の崩落などに見られるとおり、被害はさらに甚大なものとなっていた。

このため、同日、小川清史西部方面総監（当時）を指揮官とする陸海空の部隊からなる統合任務部隊（JTF）が編成され、より大規模な態勢で活動にあたることとなった。この結果、第8師団は統合任務部隊の陸上構成部隊となり、熊本平野地域のみの災害救援活動を担任することとなった。

師団が担任した熊本平野地域では幸い人的被害は少なかったものの、頻発する余震から、ほぼ全域で多くの帰宅困難者が発生し、ピーク時には熊本市周辺だけでも推計約20万人に及ぶ状況であった。

このため師団は、これらの多くの帰宅困難者に対し、継続かつ安定的に糧食、水、入浴などの支援を行なうことが重要な役割となり、全国からの増援部隊の支援を受け活動にあたることとなった。

ここで大きな問題となったのは「なにが？どこで？いくつ？」必要なのか、地震発生後しばらくの間、まったくわからない状態だった。この状況下、いわゆる「プッシュ型」の物資輸送や地方自治体の必死の活動、さらには被災者の方々の自助努力、そしてもちろん災害救援にあたった自衛隊員の献身的な活動などのおかげで、状況は逐次改善していった。

この震災を通じて、被災者の現況把握、物流ネットワークの構築など、今後の参考となる事項も明らかとなったが、なかでも最低限の自助努力（最低3日間、できれば1週間の緊急糧食などの準備）が命をつなぐ上できわめて重要であることがあらためて強く認識された。

統合任務部隊の解組後の熊本県全域における活動（5月9日〜30日）

各自治体の支援態勢も次第に整い、自衛隊に対するニーズも減少したため、5月9日、統合任務部隊も解組され、再び第8師団が熊本県全域を担任し、支援活動を継続することとなった。

この段階では、これまで自衛隊が行なってきた各種活動をいかに円滑に地方自治体などに移管していくかが大きな課題であった。このため、物資などの輸送は、自治体と協議し、自衛隊を主体とした態勢から、順次段階的に民間輸送業者を主体とした態勢に移行することとした。「なにを、どこへ」さえ明らかであれば、輸送業者にすべて業務を委ねられる。

そして、いまだ数多くあった給食、給水、救護施設は、復旧状況などに応じ、事前告知など被災者の皆さまの理解を得つつ、逐次集約した。

このなかで最も困難をきわめたのが入浴施設の撤収だった。全国の需品科部隊、そして海上自衛隊からも支援を受け、県内の二十数か所に自衛隊装備品の野外入浴セットを用いた入浴施設を設けた。日々、利用者数は減少したものの、近傍に民間の入浴施設がなく、移動手段に制約を受ける地域では依然としてニーズがあった。このため自治体と調整し、民間入浴施設の無料入浴券の配布などにより代替しつつ、これも逐次集約した。

5月30日、蒲島県知事から災害派遣の撤収要請がなされ、約45日間にわたる活動を終了した。

本災害派遣活動を通じて強く感じたこと

この震災対処を通じ、被災地熊本県を平素から担任する師団長として強く感じたことは、われわれ自衛隊が果した役割は何かということだった。それは、災害発生直後においては「一刻も早く、一人でも多くの命を救う」こと、その後の生活支援の段階では「生きることへの希望を与える」こと、そして各自治体への態勢移行の段階では「再び自らの力で歩き出そうとする勇気を与える」ことであったと思う。
最後に、熊本地震において尊い命を亡くされた方々のご冥福を心からお祈り申し上げる。被害に遭われた皆さまと熊本の復興を祈念するとともに活動したすべての自衛隊員に感謝の気持ちを捧げる。

「熊本地震」災害派遣（3）

プッシュ型からプル型支援へ

西部方面総監（当時）小川清史

2016（平成28）年4月14日、熊本県を震源とするマグニチュード6・5のかなり強い地震があり、この後も余震があるだろうと考えていました。ところが、その2日後の16日にマグニチュード

7・3の本震があり、それまでの地震に対する認識を改めさせられました。

この一連の地震が発生した時、1度目より2度目の揺れのほうが2倍以上は激しく感じました。阿蘇地方でも、熊本地震の本震から約3時間後、マグニチュード5・8の地震が発生しました。

熊本地震による被害は死者50人、避難者は最大約18万人にのぼり、約16万棟の家屋の損壊がありました。また、インフラも被害を受け、電気の完全復旧には約1週間、ガスの復旧には約2週間、水道の復旧に至っては3か月以上を要しました。道路も高速道路や一般道路が不通となり、車両運行はかなり制限を受けました。

最大約2万6000人の「統合任務部隊」

14日の地震発生直後から地域を担任する部隊が災害派遣要請を受け、活動を実施していました。

そこへ本震が発生し、さらに被害が拡大したため、直ちに統合幕僚長の命令で全国の陸海空自衛隊部隊からなる最大約2万6000人の「統合任務部隊（JTF）」が編成され、私が指揮官を命ぜられました。統合任務部隊としての災害派遣活動は人命救助、物資輸送、生活支援活動の三つの任務を同時並行的に行ないました。

以下、この災害派遣でとくに重要な活動要領であった「プッシュ型支援」と「プル型支援」について紹介したいと思います。

震災当初の「プッシュ型支援」

大規模災害発生直後は、災害対処の主体となる自治体が被災したことにより、また全般の被災状況が不明なことから、災害対処活動が順調に行なわれるまで時間がかかる場合があります。

一方、被災された方々の救援は一刻を争う状況です。こうした状況において、国・防衛省・自衛隊が、自治体の一部の機能を補完するかたちで、「プッシュ型支援」が行なわれます。

熊本地震発生に際しては、熊本県知事から第8師団長に対する災害派遣要請が直ちにありました。発生直後から県は自治体としてしっかりと機能していましたが、情報不足などにより、自治体も自衛隊も、なかなか正確に被災状況をつかめませんでした。しかしながら、国・政府と被災自治体とはしっかりと連絡がとれていました。

このような状況において「当面、統合任務部隊はプッシュ型で支援せよ」との命令がありました。その後は支援地域、場所、活動内容、物資などを予測して災害派遣活動を行ないました。この際、派遣された部隊や隊員からも被災者の食糧や水が不足しているなど、積極的な情報提供がありました。そして、自治体に了解を得つつ、自衛隊側で必要であろうと見積もった活動の内容や計画を決めて実施する「プッシュ型」で支援をしました。

たとえば南阿蘇地方では、人命救助の緊急性が高く、家屋が崩れて被害が発生していると予想された地区において、第4師団が他方面隊からの増援部隊とともに人命救助活動を行ないました。

また、同地方は、道路の寸断により地上からの物資輸送が困難であったため、米軍のオスプレイ輸送機による物資空輸が4月18日から延べ5日間行なわれました。

熊本地方では、本震発生直後から毎日10万人を超える避難者に必要と思われる物資を、必要と思われる避難所に輸送するなど、第8師団が他方面隊の部隊とともに生活支援活動を行ないました。

「プッシュ型支援」期間中、最も緊急性の高かった食糧支援は、政府の調達食糧90万～180万食を自治体や民間業者と協力して配布しました。並行して陸海空自衛隊の各部隊、駐屯地、基地から統合輸送されてきた備蓄用食糧も配分しました。

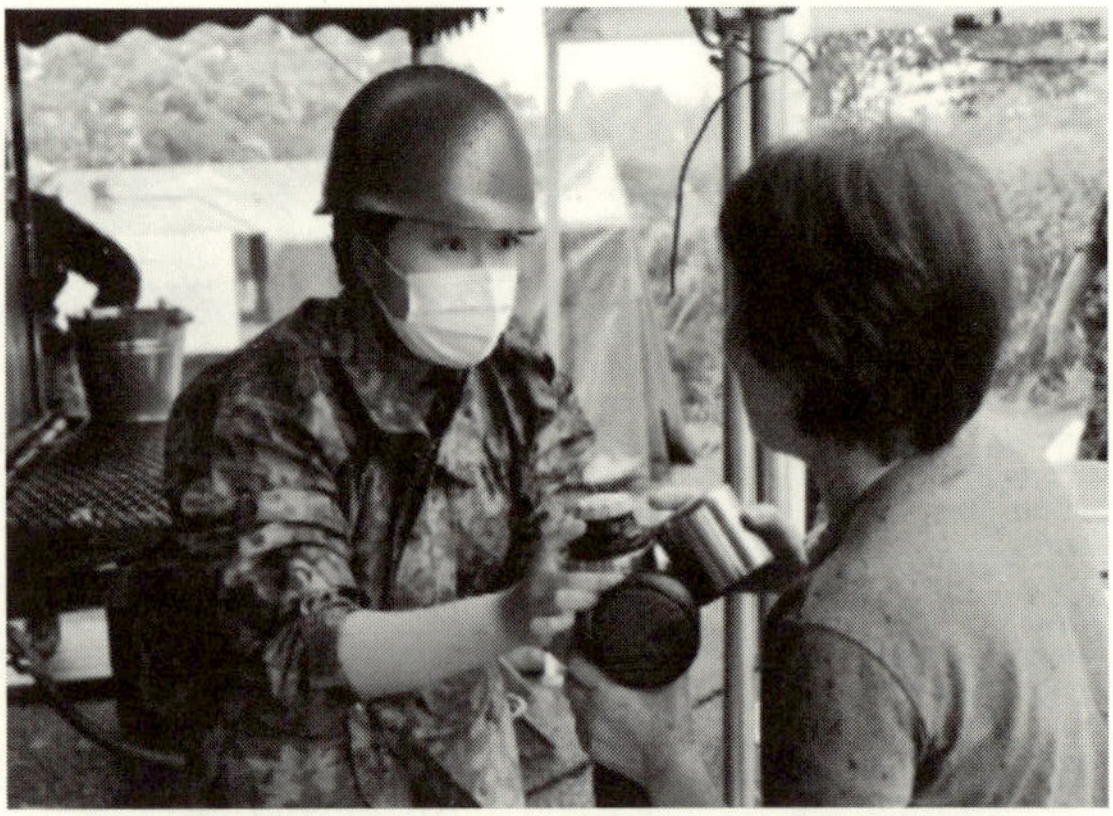

プッシュ型からプル型に切り替えながら支援を続ける。

この「プッシュ型支援」には、避難所に必要以上に物資が集まり過ぎるデメリットがあります。過去の災害派遣でもこうした教訓が残されていました。そのため、必要な時期がきたら、タイミングを逃すことなく「プル型支援」に切り替えなければなりません。

「プル型支援」に移行

「プル型支援」は自治体からのニーズに対応して行なう支援要領です。

災害派遣活動開始から6日経った4月21日、自治体の態勢がようやく整い、具体的な支援要請の内容が確実にわれわれに届き始め、「プル型支援」によって効率が上がる時期を迎えました。

翌22日から、国・政府および自衛隊の方針は、自治体の具体的なニーズに応える支援要領、つまり「プル型支援」に切り替わりました。

被災者や避難所のニーズを確認し、必要な物資の数と届け先を把握し、物資を輸送・配分する組織的な仕組みが整いました。ほかにもボランティアの方々との協力体制や避難所の管理体制などの仕組みもかなり充実してきました。

韓国から届いた支援物資が確実に配分されたのも、この仕組みが整備されたことによると感じました。

地震発生直後から国・政府と各自治体と緊密に連絡がとれ、「プッシュ型支援」が功を奏し、早い段階で自治体が態勢を整えたことにより、効率的な「プル型支援」が行なわれました。

統合任務部隊としては、自治体の支援役としてスムーズな活動ができたと感じています。そして、この活動の主役は、災害派遣に参加した陸海空の隊員、即応予備自衛官の皆さんです。被災された方々に献身的かつ親身な支援をした隊員たちに、心より感謝と敬意を表したいと思います。

「熊本地震」災害派遣（4）

過去の震災派遣で学んだ教訓を活かす

第4師団長（当時）赤松雅文

2016（平成28）年4月16日午前1時25分、14日の前震に続き本震が発生しましたが、これがその後約1か月半にわたる第4師団の本格的な災害派遣活動の幕開けでした。

第4師団は、大分県のほか、平素は第8師団の担任区域である阿蘇地方（阿蘇市、南阿蘇村など1市3町2村）で災害派遣活動を実施しましたが、ここでは活動の概要のみならず、東日本大震災で学んだ教訓をいかに反映しつつ、即応・持続性ある活動に努めたかという点にも焦点をあててみたいと思います。

第4師団ほかの活動概要

第4師団の活動は、大きく3つの時期、すなわち第1期は14日の前震にともなう第8師団への増援任務の遂行、第2期は16日の本震にともなう大分・阿蘇地方における統合任務部隊（JTF）の陸災構成部隊としての活動、そして第3期は統合任務部隊の編成解組にともなう第8師団への増援任務の継続から終了まで、に区分することができます。

とくに活動の主体である第2期において、第4師団は災害派遣統合任務部隊指揮官（西部方面総監）の指揮の下、その構成部隊として、第5施設団（小郡駐屯地）および西部方面普通科連隊（相浦駐屯地）、ならびに他方面隊からの増援部隊である第6師団（山形県）、第12旅団（群馬県）、第13旅団（広島県）および北部方面後方支援隊（北海道）などを含め、総数約1万2000人の人員をもって活動しました。

活動地域は、大分・阿蘇地方ですが、大分地方では、第41普通科連隊（別府駐屯地）が別府市で、また第4戦車大隊（玖珠《くす》駐屯地）が日田市、玖珠町、九重町で給食・給水および人員輸送任務を実施しました。阿蘇地方では、第6師団および第12旅団が阿蘇市で生活支援（給水・給食・入浴・物資輸送）任務を、第13旅団が南阿蘇村で人命救助（第6師団および第12旅団も増援）、生活支援任務を実施しました。

さらに第5施設団など施設科部隊は、全般支援として阿蘇山周辺地域を中心にした道路啓開任務などを実施しました。

東日本大震災の教訓に学んだ活動

熊本地震では東日本大震災で学んだ教訓が活かされました。その一端を紹介すると、①他方面隊からの増援部隊の迅速な展開、②被災者に寄り添った生活支援、③戦力回復による持続性ある活動を挙げることができます。

まず、①については、本震当日である16日には第13旅団長と第12旅団長が、そして17日には第6師団長も現地に移動到着しました。そして逐次第4師団長と会同を行ない、被災状況、活動方針などの認識を共有しつつ人命救助を優先した初動対処が図られました。

その結果、24時間の救助態勢が確立できましたが、このような迅速な展開は災害派遣統合任務部隊の編成が16日早朝に決定されたことによるものの、即応性に対する高い意識が東日本大震災の教訓として平素から第一線部隊に確実に醸成されている証左であるといえます。

②については、とくに物資輸送について東日本大震災の教訓が活かされました。国・政府レベルでは、早々に「プッシュ型支援」による物資輸送が開始され、水や食料などの共通必需品が優先的に中央から現地に輸送されました。これら物資を被災者に届ける端末輸送任務を担う部隊は、活動当初から当該任務の重要性を理解し、効率的な体制整備に努めました。

時間の経過にともない「プル型支援」、すなわち被災者や避難所のニーズに応じた物資輸送・支援へ移行するとの認識のもと、市町村との連携も含め先行・並行的な態勢整備に努めました。

③に関しても東日本大震災の教訓が活かされました。とくに隊員の戦力回復については、他方面隊から増援部隊を受け入れる段階から、その態勢整備に努めました。

被災者に喜ばれた入浴支援

具体的には大分県、福岡県にある駐屯地を戦力回復駐屯地として指定し、活動当初から先行・並行的に各種準備を推進しました。玖珠駐屯地など大分県所在の駐屯地は、災害派遣任務を遂行しつつ限られた支援勢力をもって「おもてなしの心」でこの任務を完遂してくれました。これも当該東日本大震災の教訓が第一線部隊に確実に根づいている証しであると思います。

国民の負託に応える

熊本地震は本当に不幸な出来事であり、今後このような震災が起こらないことを願うばかりです。

しかし、いつ、どこで、いかなる災害が起こってもおかしくないわが国の特性を踏まえると、次の大規模災害に備えるのは重要であり、現「防衛計画の大綱」でもその対処は自衛隊の重要な役割となっています。

第4師団はじめ熊本地震災害派遣に従事した部隊は、過去の教訓のみならず、各種任務遂行を通じて得た教訓をもとに訓練に励み、その能力を着実に向上させています。

東日本大震災、御嶽山噴火災害、熊本地震とわが国の災害史に残る災害での派遣活動に参加した者として、あとに続く後輩諸官には、部隊が長年培ってきた伝統を力にして、必ずや国民の負託に応えてくれるものと確信しています。

最後に出動したすべての自衛官の労苦に深く感謝しています。

「熊本地震」災害派遣（5）

即応予備自衛官の活動を指揮して

第24普通科連隊長（当時）第12旅団司令部幕僚長　1等陸佐　稲田裕一

第24普通科連隊（宮崎県・えびの駐屯地）は、南九州・沖縄地方初の即応予備自衛官の災害招集により熊本県内の被災地での生活支援活動を実施し、高い評価を受けました。

第24普通科連隊は、のちに「前震」と称された4月14日の地震発生当初から第3種非常勤務態勢をとり、翌日には常備自衛官をもって熊本市内の病院などで給水支援活動を実施中でした。

4月16日の「本震」直後に、統合任務部隊（ＪＴＦ）が編成されて大規模な支援活動が実施されると聞き、東日本大震災時のように即応予備自衛官が招集される可能性があるのではないかと予測しました。そして、直ちに連隊の幕僚と各中隊長に対して、所属の即応予備自衛官全員に応招の意思確認を先行的に実施するよう命じました。

招集に応じた即応予備自衛官の編成完結式

そして翌17日には、閣議決定により制度施行以来2回目の招集（1回目の招集は東日本大震災）が決定され、当日、防衛大臣命令が発令されました。それから活動開始まで、連隊本部と各中隊は即応予備自衛官本人、そして上級部隊と地方協力本部とのあいだで出頭・受け入れ調整に忙殺されることになりました。

即応予備自衛官をいかに活用するか？

本招集においては、当時の中谷元防衛大臣と岩田清文陸幕長から強い期待があると、岸川公彦師団長を通じて耳に届いていました。

大臣からは地元の事情に精通した即応予備自衛官の能力を活用すること、陸幕長からは東日本大震災とは異なり行方不明者捜索のような量的不足を補うものではなく、常備自衛官の質的不足を補うこととの指導を受け、それらをいかに反映させて具現化するかを思案していました。

そこで、熊本、南九州所在の即応予備自衛官の地域性と、平素、民間企業などで勤務している彼ら彼女らの職務・技能に着目し、被災地での生活支援に直接活用できる具体策を検討しました。

こうして出頭が決定した隊員の保有する技能・経歴などを再調査し、一人ひとりの活動の内容や派遣場所を決定していきました。

期待以上の能力を発揮してくれた即応予備自衛官

招集に応じた即応予備自衛官は、第24普通科連隊所属の隊員を主体に第8師団ほかの職種部隊を含めて165人でした。北熊本駐屯地で編成を完結し、常備自衛官の指導のもと活動を開始しました。

地域性の発揮においては、他方面隊から派遣されてきた部隊の道案内、そして協同して給水支援や簡易入浴支援などを実施しました。何よりも喜ばれたのは、地元の方言（熊本弁）をもって語りかけ、被災者に寄り添う隊員たちの姿でした。

特技や技能発揮の面では、看護師や整体師などの資格を保有している隊員を避難所に派遣し、被災者の体調のケアや作業療法士による体操指導を実施しました。当初は被災者の方々は迷彩服姿の隊員によるこれらの活動に戸惑いもあったようでしたが、徐々に好評となり、たいへん感謝されました。

大量の物品が届く支援物資の集積場へフォークリフト操作の技能者を派遣し、物資の仕分けや輸送の迅速・効率的な実施に寄与しました。ほかにも調理師の資格をもった隊員による良質な給食支援、警備会社に勤務している隊員の駐車場での見事な車両誘導技量の発揮など、われわれの期待以上の能力を発揮してくれました。

各部隊長によるさまざまなサポート

即応予備自衛官の出頭から活動期間を通じて、関係部隊長などからさまざまな協力・支援をいただき、活動が円滑に進みました。

一例を挙げれば、被災地熊本では、熊本地方協力本部長が自ら県内の即応予備自衛官の自宅まで赴いて出頭命令書を交付してくださいました。沖縄地方協力本部長は沖縄から派遣される自衛官が即応予備自衛官のみであったことから、隊員へのインタビューなど派遣に関わる動きをメディアで取り上げてくださいました。

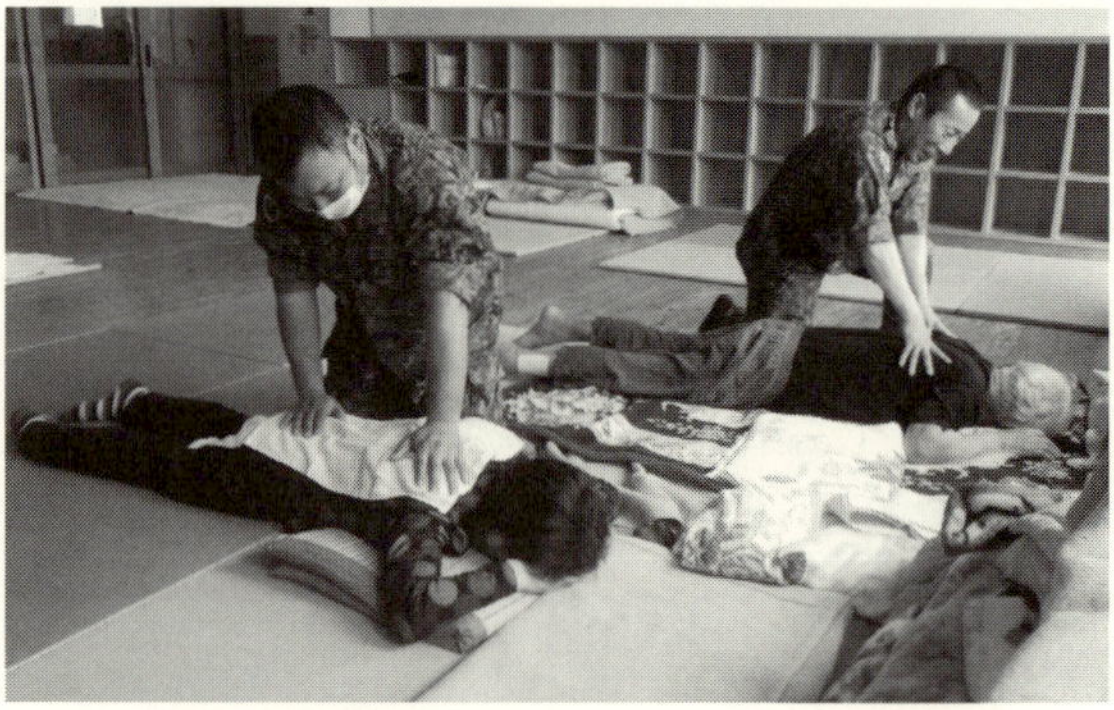

避難所で被災者をマッサージする即応予備自衛官

航空自衛隊南西航空混成団（当時）司令には、700人規模で那覇基地からの盛大な見送り行事を実施してもらい、士気の高揚、団結の強化に寄与していただきました。実際の活動においても、すでに現地での拠点を設定して支援物資の輸送活動を開始していた第3師団支援隊の副師団長には、物資の仕分けや他部隊との協同支援活動など即応予備自衛官の活動の場を提供していただきました。

本招集がさらなる即応性の向上に寄与

当時の制度では、予備自衛官・即応予備自衛官の出頭命令書の交付から5日以降でなければ自衛官としての活動が実施できないことから、本招集においても指定した日よりも早く到着しているにもかかわらず、活動できず忸怩たる思いをした隊員がいました。

しかし、2016（平成28）年7月に「自衛隊法施行令」が改正され、今後は、本人の意思があれば5日以内でも自衛官として活動が実施できるようになり、災害時や有事の際の即応性が向上することとなりました。

さらに今回の招集で顕著な活動をした即応予備自衛官16人に4級、5級賞詞《しょうし》の枠が付与され、その功績に応じて時機をのがさず表彰することができました。

これは全国の即応予備自衛官の励みになり、われわれの活動が全国のコア部隊の錬成目標になったものと思っています。

即応予備自衛官16人を表彰

即応予備自衛官の活動期間は10日ほどでしたが、即応予備自衛官の運用要領に一石を投じ、連隊としても初の災害招集に多大な成果を得ることができました。これも常備自衛官の強力な牽引力に加え、平素の招集訓練における練度の着実な積み上げによって相互の信頼関係を深めてきた結果と考えています。

宮崎県は南海トラフ地震の発生と、それによる甚大な被害が懸念されますが、熊本地震災害派遣の成果により大規模震災などにおける即応予備自衛官招集のハードルは低くなり、その活躍の場は拡大したものと感じています。

コア部隊の指揮官諸官には、即応自衛官とともに即応かつ強靱に任務を完遂できる部隊育成に尽力していただくことを願っています。

即応予備自衛官の活動の概要

派遣部隊は、第24普通科連隊、第8師団の職種コア部隊（特科連隊、戦車大隊、施設大隊、偵察隊、高射特科大隊、後方支援連隊、通信大隊、特殊武器防護隊）からなり、即応予備自衛官は、熊本県、宮崎県、大分県、鹿児島県、沖縄県に所在する計165人で、活動期間は4月25日～5月4日の9日間でした。

活動地域は、熊本市、益城《ましき》町、嘉島《かしま》町、御船《みふね》町、甲佐《こうさ》町、美里《みさと》町などで、生活支援（給食支援・給水支援・簡易入浴支援）、物資仕分け・積載・輸送、衛生・健康管理指導、自隊管理（通信、車両整備）などの諸活動を実施しました。

「熊本地震」災害派遣（6）

24時間連続で病院へ給水

第5航空団基地業務群司令（当時）
空幕厚生課給与室長　1等空佐　和田竜一

1時26分――。救援物資輸送のため訪れた熊本県益城町にある広安小学校の体育館の大時計は、地震発生時刻を指したままでした。床は大きく波打ち、震度7級の地震の怖さをあらためて実感しました。

これまで「大きな地震は起きない」と思われていた地域、そして航空自衛隊の部隊がない地域で、航空自衛隊は約1か月にわたり災害派遣活動を行ないました。

私は現地派遣部隊指揮官として、災害発生当初から約1週間、北熊本駐屯地を拠点に給食、給水、輸送、道路啓開などの支援活動を実施しました。活動の主眼は「生きるための支援」をより早く、より多くの被災者に実施することでした。その活動の一端をご紹介します。

わずかの準備時間で派遣出発

本震のあった4月16日午前10時頃、私は第5航空団（宮崎県・新田原《にゅうたばる》基地）司令から、「災害派遣部隊を率いて熊本へ向かえ」との命令を受けました。

第5航空団は、前日まで鹿児島県内で墜落した航空自衛隊のU－125救難捜索機の機体回収を行なっていたため、まずは頭の切り替えが必要でした。

現地に向けたヘリコプターの出発時刻は14時。命令からわずか4時間で派遣部隊を編成、1週間分の食料、必要資材などを準備しての出発でした。ふだんからどんな事態にも即応できるように準備しておくことの大切さをあらためて認識しました。われわれの遅れは、そのまま被災者の支援の遅れにつながるからです。

安心を安定して届けること

災害発生当初は、被災者のニーズの把握が難しい状況でした。「状況が混乱している」ことを把握しているという状態であり、その状況での支援は、ニーズを大まかにつかんで、必要な支援を想定して、戦力を投入するという「プッシュ型支援」が主体になります。

陸上自衛隊は、一つの連隊が地域ごとにすべての任務を担当するのが基本で、それができる能力を有していると思いますが、航空自衛隊は、熊本には活動基盤がなく、派遣部隊の規模も小さいことから、陸上自衛隊との一体的な活動が不可欠でした。

大事なのは、空自派遣部隊の実施可能な活動を陸上自衛隊の指揮官に正確に把握してもらうことでした。われわれは第8師団長とその幕僚に「何ができるか」を伝えることから始めました。

道路は寸断され、ガスも電気も水も止まり、物を買える店もない、そんな災害発生当初の状況下で、われわれの支援の主体は、被災者への「生きるための支援」でした。

炊き出しで作るおにぎりは、食べ物がないなかで被災者が「生きる」ための大事な支援となり、非常に感謝されました。なるべく多くの人に短時間で行き渡るように炊事車と隊員を集中して運用しました。

活動3日目に、大手コンビニチェーンから弁当の提供があり、われわれの活動は開店休業状態になりました。おかずも多い、しかも複数種類の弁当の前に、ほとんどのおにぎりが残ってしまいまし

日赤病院の入院患者の命を救うため連続して給水支援

た。翌日以降、用意する量を減らすか迷いましたが、とりあえず減らさずに炊き出しすることにしました。結局、翌日はそのコンビニによる支援はありませんでした。
被災者の方に「おかずがなくて申し訳ありません」と恐縮していると、「いえいえ、コンビニからの支援は1回だけど、自衛隊は毎日必ず来てくれるから安心です」と言われ、われわれは「安心を安定して届けること」が大切なのだとあらためて認識を強くしました。

緊急性の高い病院への給水

災害派遣活動での給水は飲料水の提供が主体と思われますが、断水になると人工透析患者を抱える病院が危機的状況に陥ります。

熊本地震でも、多くの透析患者を受け入れている日赤病院が断水により災害用の容量350トンのタンクの水が底をつきかけ、多くの患者が生命の危機にさらされました。

急いで水源地を探し、24時間連続で病院への給水を行ないました。自衛隊の給水車の供給能力は1〜5トンです。一方、病院では一日100〜150トンを使用するため、1日に何度も給水する必要がありました。しかも水源地が近くになく、日中は道路が渋滞することもあり、輸送に時間がかかるため、遅々としてタンクの水位は上がりません。まさに自転車操業的な活動となりました。

しかし、夜を徹しての連続した給水活動でなんとか所要を賄うことができ、病院の職員から「自衛隊の活動のおかげで多くの命を救うことができました」と感謝されました。

被災者に勇気づけられる

ある時、被災者のニーズを支援に反映させるため、各避難所を回って被災者のお話や要望を伺う活動を行ないました。悲惨な状況、先のことを考え途方に暮れている方の身につまされる話、すべてのニーズに応えられない自衛隊の活動の現状、その重さに心がしめつけられました。

その時、避難所で一人の女子高生が駆け寄ってきました。その高校生は自分が被災しているにもかかわらず、「自衛隊さん大変ですね、頑張ってください」と逆に励ましの言葉をかけてくれました。そのひと言に活力がよみがえり、元気づけられました。

また、小学生が自衛隊員に向けた壁新聞を作ってくれ、それを届けてもらったこともありました。隊員一同、そういう声から勇気と力をいただきました。

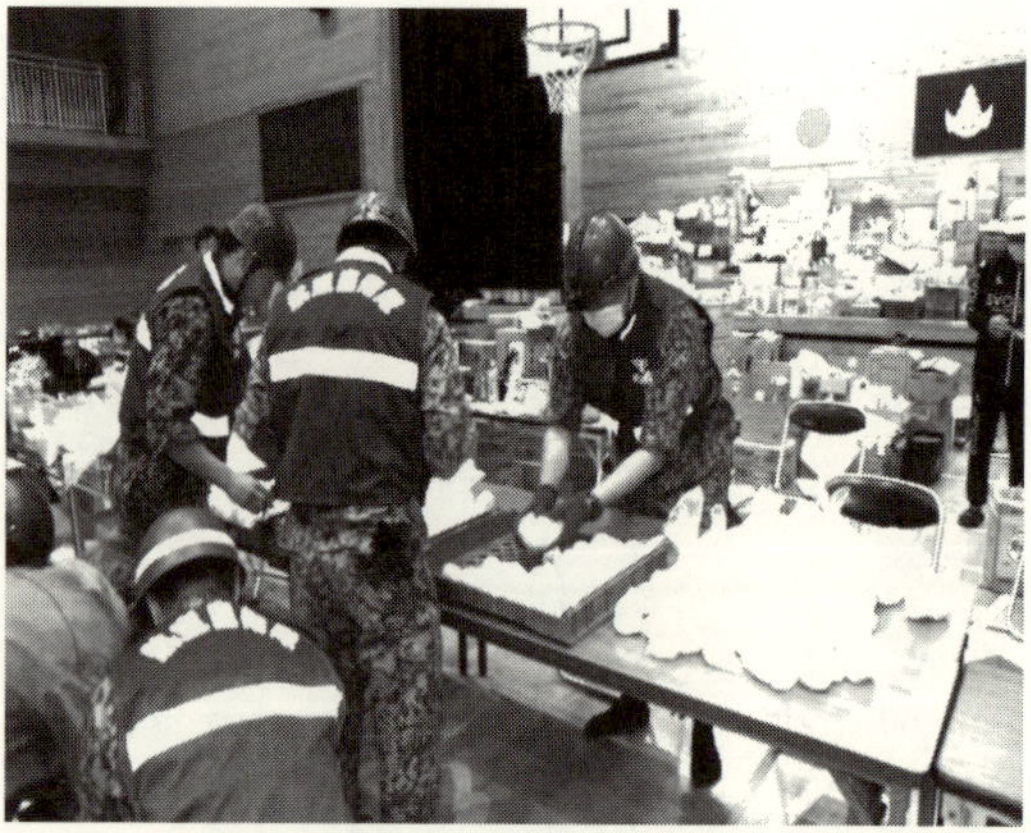

益城町の避難所で食事を用意する隊員

多くの被災者に、いち早く支援できた最大の要因は、派遣された隊員の士気の高さです。誰もが「1週間ぐらい寝ずにやるつもりで来ました」と積極的に活動にあたってくれました。

不眠不休の活動、ふだんやったことがない作業など、隊員がどんな過酷な状況でも任務を遂行できる原動力となったのは、被災者の皆さまから言われた「ありがとう」の言葉でした。その言葉に隊員は奮い立ち、時には涙を流し、喜びを感じました。

この災害派遣活動に参加したことにより、私は「熊本」に今も特別な思いを抱いています。参加した隊員もみな同じだと思います。

地震から1年後、被災地を通った時、いまだブルーシートで覆われた家を見ました。あれから復興はだいぶ進んでいると思いますが、被災者の皆さまが物心ともに本当の意味で復興したと思える日が一日も早く来ることを願っています。

航空救難団の災害派遣

人命救助にすべてを捧げる

航空救難団松島救難隊救難員　空曹長　熊坂弘樹

話は十数年前にさかのぼります。当時、私は小牧基地（愛知県）に所在する航空救難団救難教育隊において救難員課程の教官として勤務していました。

ある日の未明、枕元の携帯電話が鳴り、「災害派遣事案発生。直ちに出勤せよ」との連絡でした。急いで身支度を整えて、災害派遣であることを妻に告げて出勤しました。

「人を救助する」意味を知る

指揮所に駆け込み、「熊坂、出勤しました」と報告し、状況を確認すると、「和歌山県串本の南約500キロの太平洋上で漁船が航行不能となり、乗組員4人が救命筏で漂流中」とのことでした。

串本沖で漂流する漁船乗組員を救出する。

急いで救難ヘリコプターUH-60J（以下、救難ヘリ）に必要器材を搭載し、小牧基地を離陸しました。途中、燃料補給のため串本分屯基地（和歌山県）に着陸。部隊の支援を受けてドラム缶から手動ポンプで燃料を補給し、遭難現場へ向かいました。

「現場まで約2時間、気象・海象問題なし。救出手順は……」

現場に向かう機内で機長と救出手順や不測事態について綿密に打ち合わせし、万全の準備を行ないました。

「救命筏らしきもの発見、ライト・ターン（右旋回）」

現場ですぐに漂流中の救命筏を発見。はじめに私がワイヤーケーブルを付けて降下しました。救命筏内の船員の健康状態を確認し、救出手順は打ち合わせどおりで支障ない旨を無線で機長に報告しました。

しかし、船員を救出するために救難ヘリが近づいてきた時、波と突風により救命筏が転覆し、私を含む全員が海に投げ出されました。すぐに周囲の状況を確認したところ、初老の船員が目にとまり、救助に向かうと、「自分は泳げるからいい。あの2人が泳げない！」。その船員の指さす方向には海面でもがいている2人がいました。

急いで向きを変えて接近したところ、その若い2人に抱きつかれました。「あぶない！」と思い、すぐさま腰に巻いているウエイトベルトを外して自分の浮力を確保、離脱行動をとり溺者《できしゃ》を背後から保持しました。そして急いで救難ヘリへ収容し、基地へ帰投しました。

後日、救助した船員とそのご家族が挨拶のため来隊しました。船員とそのご家族は私に深々と頭を下げ、お礼を述べられました。これまで幾度も人命救助に携わってきましたが、私にとってお礼をされることは初めての経験で戸惑いと驚きがありました。

この件で、私は「人を救助することはその人の命を助けるだけでなく、彼らの家族の心まで救助することなのだ」と深く感じ、あらためて自分の職務の重要さを認識しました。

「他を生かすために」を実現する厳しい教育

救難員課程の教官としての仕事は、海上行動の主担当として朝から晩までプールで溺者救助法の訓

「他を生かすために」を合言葉に過酷な訓練に挑む救難員学生

練を指導していました。

あまりにも過酷な訓練のため、自ら救難員の志願辞退を申し出る学生がいるほどです。「本当にこんなにまでも厳しい訓練が必要なのか？」と私自身も自問することさえありましたが、前述した海難救助を経験したことで、それまでの教育内容は間違いではなかったことを確信しました。

溺者に抱きつかれた時に頭で考えなくても自然と体が動くまで訓練を積んだからこそ、遭難者の救助と自分の安全確保が成功したのです。「より困難な状況でも自分の安全を確保しつつ確実に救助するためには、自己の救助能力を向上するしか方法はない」と再認識し、教育に反映させました。

われわれ救難員には「他を生かすために」という合言葉があります。これは、いかなる困難な状況でも遭難者を生かすために、自らを律し、任務第一、自分の救助能力の向上をつねに怠らず、いつでも出動可能な態勢を保つということです。

学生教育においては、この言葉を具現化させるために「心・技・体」のバランスを維持することを重視し、何事にも謙虚な気持ちで臨ませ、かつ厳しい訓練を積み重ねて自信を持たせるとともに、訓練中はプレッシャーを与え続けることにより、冷静で的確な状況判断と迅速かつ安全な救助能力が修得できるように徹底した教育指導を行ないました。

間違いなく、学生にとっては生涯忘れえぬ経験であると思います。現在、このような教育・訓練を受けた救難員が全国で捜索救助活動にあたっています。

「行かない勇気を持つ」

時は流れて、松島救難隊で勤務していたある日、緊張した声が指揮所に響き渡りました。

「海上保安庁から災害派遣の情報あり。松島から約４５０キロ南東で、日本船籍の漁船に急患発生！」

時間は21時過ぎ。帰宅準備をしていた隊員をとどめ、さらに当日の救難待機要員に対して呼集がかかりました。

患者は一刻の猶予も許されない状況でしたが、気象予報官から松島基地の現況、予報、進出・帰投経路および現場海域の気象状況などの説明を受けたところ、基地周辺の天候が着陸できないほどに悪化するということでした。今は離陸可能な状態でも、患者を収容して戻ってくる頃に着陸できない悪天候になれば、患者はもとより出動クルー全員の命が危険にさらされてしまうため、この災害派遣要請は受理されませんでした。

われわれはふだんから実戦に即した厳しい訓練を行なっており、いかなる状況でも救助しうる能力と、その気概も堅持しています。しかし、出動および現場活動の可否判断は冷静でなければなりません。「行く勇気」も大切ですが、拳を堅く握り締めて「行かない勇気を持つ」ことも必要です。

この決断が時として隊務運営上、重要なものとなるのです。なお、この時の急患は海上保安庁の船により収容され、命をとりとめることができました。

いついかなる救助要請にも対応するために

航空救難団は、1958（昭和33）年3月創設以来、災害派遣において7702人（2016成年8月現在）の尊い命を救ってきました。これも先輩たちの必死の救助活動と厳しい任務や訓練中に志半ばで殉じられた隊員の遺訓を守ってきた賜ものといえます。

東日本大震災では、松島救難隊は津波によりすべての航空機を失い、持てる能力を発揮することができず、悔しい思いをしました。

われわれはこの教訓を後世に伝え、いついかなる救助要請があっても対応できるよう、不断の努力を惜しまぬことを心に誓っています。

「西日本豪雨」災害派遣（1）

被災者に寄り添う支援

第13旅団長（当時）防衛研究所副所長 陸将補 鈴木直栄

2018（平成30）年7月、中国四国地方を中心とした西日本豪雨災害が発生し、自衛隊は約1か月半にわたり災害派遣活動を行ないました。

当時、私は中国地方の防衛警備・災害派遣を担任する第13旅団長の職にあり、全国から多くの部隊の支援を受けつつ、この災害対応の指揮にあたりました。

本稿では、当時の第13旅団の広島県、岡山県の活動について、①災害派遣の初動、②自治体などとの連携、③現場部隊・隊員の活動について振り返ります。

災害派遣の初動

西日本豪雨は、広島県と岡山県、愛媛県を中心として、広域にわたり同時・多発的に土砂崩れや河川の氾濫などが発生しましたが、この災害発生時、第13旅団は北海道の矢臼別《やうすべつ》演習場で2千人を超える規模で演習中でした。これは数年ぶりに実施する協同転地演習であり、部隊・隊員の練度を向上させ、統合機動防衛力を実現するための絶好の機会でした。

旅団は、中国四国地方の異常気象の情報を受け、広島で残留部隊長を務めていた篠村和也副旅団長を中心に、中国5県に所在する残留全部隊が即応態勢をとりながら、人命救助を最優先として迅速な初動を確保するため、災害派遣が予想される自治体へ真っ先に急派しました。

連絡・調整幹部を派遣したタイミングは、災害派遣要請が出される前です。これは、被害状況を正確に把握して、いざ部隊を出動させる際に少しでも迅速にニーズに応ずるためです。突然起こる地震と違って、大雨など被害が予期される場合には、このような対応も可能です。

部隊派遣にあたっては、被害状況があまりにも甚大かつ広域であったこともあり、初動の段階から、関西、東海地方に所在する第3師団、第10師団、第4施設団、中部方面混成団などが駆けつけてくれました。その後、九州をはじめ、全国から多くの部隊に酷暑の被災地での活動に協力をいただきました。

ふだんから自治体と連携

災害派遣にあたって、旅団主力が不在ながらも、円滑な初動を実現できた理由のひとつに、平素から多くの関係組織と連携していた成果がきわめて大きかったことが挙げられます。

関係組織は、自治体の防災部署、警察、消防などの公共機関をはじめ、NEXCO西日本、電力・通信などのインフラ関連企業、そして自衛隊家族会や隊友会などです。これらの組織とは平素から訓練、会議・会同などにより、役職者や担当者同士が顔なじみになる態勢を作っておいたことが、いざという時の助けになりました。

とくに自治体で勤務する元自衛官の防災・危機管理担当者の活躍が、派遣部隊のスムーズな活動につながりました。ちなみに、この防災・危機管理担当者とは、災害対処、国民保護などの分野について県知事や市町村長の片腕として地方行政に貢献する自治体職員で、退職自衛官も多く採用されています。

制度的にも地域防災マネージャーとして国から支えられています。地域防災マネージャー以外の防災職員も合わせると、現在、全国の自治体で、500人近い退職自衛官の先輩方が、現役時代の能力・経験を活かして勤務しています。

巨大な岩石に覆われた災害現場から住民を救い出す隊員

災害現場での部隊・隊員の活動

災害派遣の現場での活動は、メディアでも大きく報道された倉敷市真備《まび》町の浸水現場での人命救助のほか、広島県三原市でも人命救助を行ないました。また、伝統工芸品の熊野筆で有名な広島県熊野町では、巨大な岩石に家々が押しつぶされ、避難途上で車内に閉じ込められた住民を部隊が救助した一幕もありました。

豪雨が去ったあと、広島県と岡山県かけて百キロ以上も広がる地域の山裾野には人の背丈ほどもある大量の瓦礫と流木、土砂でした。そこに最高気温35度にもなった連日の強い日差しと猛暑で、現場で作業する隊員にとっては過酷な環境での活動になりました。

現場では、行方不明者捜索や新たな風雨にともなう二次被害防止のため、胴付長靴を着て腰まで泥水に浸かりながらの排水作業、人力でしか土砂を排出できない狭い現場でバケツリレーによる作業、主要な幹線道路の遮断にともない人里離れた山道で土木機械による通路の開設作業、道路が寸断されて車両が入れない地域に食料や水、燃料などの生活物資を背負っての運搬など、この災害派遣のため招集された即応予備自衛官も含め、皆よく頑張ってくれました。

困っている人のために、辛さを抱えている人のために、少しでも力になりたい、隊員たちはそのような思いで、被災者に寄り添う支援をしてくれました。

また、部隊を指揮する各部隊長は、班長、小隊長に至るまで作業の進捗のみならず、部下たちの作業環境、宿営環境、健康管理にも気を配りました。

昼は炎天下で、日没後も熱帯夜の活動でしたので、適切な休憩と水分補給は大切でした。日差しを遮る場所がなかったことや熱中症の予防のために、追送《ついそう》してもらったタープテント、ひんやりシート、クールベスト、凍らせたペットボトルなどはとても効果的でした。

第13旅団のホームページには「今日の13（ひとみ）」というコーナーがあり、隊員の平素の訓練や旅団の活動などを掲載しています。私は２０１８年夏の異動で第13旅団を離れ、情報発信する側から見守る側になりましたので、ホームページの更新が楽しみです。

ぜひ、地元の方々はもちろん、国民の皆さまにも部隊のホームページなどをご覧いただき、隊員たちの活動に一層のご理解を賜れば幸甚です。

「西日本豪雨」災害派遣の概要

2018(平成30)年6月28日から7月8日にかけて、台風7号と梅雨前線の影響で西日本を中心に全国的に広い範囲で記録的な集中豪雨となり、広島県、愛媛県、岡山県などで河川の反乱や浸水害、土砂災害が発生し、死者224人、行方不明者8人、負傷者459人、住家の全壊6758棟、半壊1万0878棟などの甚大な災害となった。また、上水道や通信などのライフラインにも被害を受けたほか、交通障害も広域にわたり発生した。気象庁は「平成30年7月豪雨」と命名したが、報道機関などでは「西日本豪雨」と呼称した。

自衛隊の災害派遣の概要は、広島・愛媛・岡山各県をはじめ、兵庫・高知・福岡などの8県で活動。派遣期間は7月6日から8月18日までの43日間。派遣規模は、人員最大約3万3100人、航空機最大38機、艦船最大28隻に及んだ。主要な活動は、人命救助・孤立者救助2284人、給水量1万8973トン、入浴支援9万4119人、給食支援2万590食のほか、物資輸送、道路啓開、瓦礫処理などであった。また、本派遣には最大約300人の即応予備自衛官も参加した。

「西日本豪雨」災害派遣（2）

段階的に変化する自衛隊の役割

中部方面総監　陸将　岸川公彦

陸上自衛官として勤務するなかで、何度となく災害派遣活動に従事してきました。

そのなかで、直接的にしかも現場の責任者の1人として従事した「熊本地震」災害派遣（一九〇ページ参照）と「2018（平成30）年西日本豪雨」災害派遣で、いくつもの貴重な教訓を得ることができました。

あのような未曾有の災害に指揮官として対応した経験から得た教訓を残しておくことは当然の責任といえます。再びこのような災害が起こらないことを念じつつも、今後の防衛省・自衛隊が災害派遣活動を実施する上で、何らかの参考となる所感についてまとめてみます。

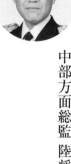

倉敷市真備町の住民を安全な場所にボートで移送する第10特科連隊

「陸上総隊」新編後、初の災害派遣

2018年を一文字で象徴する「漢字」が「災」であったように、2018年は自然災害が数多く発生した年でした。聞くところによると、近年の異常気象は「激甚化」「局地化」といったキーワードで表現できるそうですが、確かにそのとおりだと思います。

「西日本豪雨」災害を陸上自衛隊中部方面隊の立場から見ると、被害は管内2府19県のうち、2府16県で発生し、このうち1府6県から自衛隊に災害派遣要請がありました。実に広域、かつ同時多発的な災害といえます。

さらに広島県呉市天応《てんのう》地区の土砂被害や岡山県倉敷市真備地区の浸水被害のように、被害は場所によって大きく異なるものの、いずれも甚大なものでした。一方、それらは一部の地域のみで発生しており、局地的なものであったともいえます。

現場で災害派遣活動にあたった陸上自衛隊としては、①非常災害対策本部設置下での活動であったこと、②陸上総隊新編（2018年3月）後、初の広域にわたる大規模な活動であったこと、③猛暑下における長期にわたる活動であったことなどが挙げられます。

自衛隊が果たすべき使命と役割

災害派遣活動を通じ、現場の指揮官としてとくに思いを強くしているのは、当たり前のことかもしれませんが、自衛隊が果たすべき使命と役割は何かということです。

災害派遣に限らず、われわれの使命は究極的には「国民の皆さんの安心と安全を守ること」です。災害派遣においては被災した地域と住民が最終的に被災前より、さらによい姿で復興することであり、そのための一助となることであろうと思います。

災害が発生した初期の段階で、最も優先されるべきことは、人命の救助・安全確保だと思います。これは活動に参画するすべての機関・組織が優先して果たさなければならない責務です。なかでも災害派遣における〝ファースト・レスポンダー〟たる自衛隊には、きわめて大きな期待が寄せられています。したがって災害発生初期において、この使命に対し主体的かつ能動的に取り組んでいかなければなりません。

他方、被災地も少しずつ落ち着きを取り戻してきた段階以降は、われわれの使命も、従来の「命を救うこと」から「生きる希望を与えること」、さらに「再び歩み出す勇気と力を与えること」に推移していきます。ここで留意しなければならないのは、われわれの使命を果たす上で、初期段階の主導的なものから従属的なものへと変化していくことです。

これは決して、自衛隊の災害派遣活動が消極的になっていくということではありません。早い段階でよりよい形で復旧・復興を成し遂げていくには、被災者の皆さんが「自らの夢と希望をもって再び自らの力で歩み出すこと」が最も大切だからです。

われわれは、しっかりとこれらのことに思いを致しつつ、現場での派遣活動に臨むことが、結果として、地域の皆さんの安心と安全を守ることにつながると思います。

地方自治体、他省庁とのさらなる連携強化へ

自衛隊が災害派遣活動を円滑に実行する上で、関係する地方自治体や警察・消防はもちろん、国土交通省などの省庁との連携が強調されてきました。とくに災害発生時の被害情報の共有や人命救助・捜索活動における相互協力・連携に重きがおかれてきたようです。

しかしながら、２０１６（平成28）年の「熊本地震」以降、これまで以上に政府として、自治体に対し、早期から幅広い分野においてより積極的に支援をしていく態勢に移行しつつあります。

「西日本豪雨」災害派遣活動においても、各種生活支援物資などの「プッシュ型支援」や、自衛隊も

大量の瓦礫を処理する第４施設団（倉敷市真備町）

実施した岡山県真備地区における大規模な被災財の処理、そしてこれらの活動に関し、現場レベルでの調整を円滑に行なうため派遣された中央省庁の幹部を含む政府職員や「被災者生活支援チーム」はその一例です。

現場で活動する自衛隊部隊も、このような状況に対し、より迅速かつ的確に対応できるよう、①派遣活動間、より高いレベルで幅広く調整できる調整機能の保持（「西日本豪雨」災害派遣において広島県庁に派遣した中部方面総監部幕僚副長を長とした「災害対策現地連絡チーム」はその好例です）や、②平素からより幅広い分野について地方自治体や関係機関と事前に協議の場を設けることによる具体的な連携要領の確立などはきわめて大切だと思います。

そして何よりも、自衛隊としてこれまで以上に積極的に現場の支援ニーズの把握に努め、その支援内容を積極的に自治体などに提案していく意識と姿勢が重要と思います。

国民の期待に応えるためには

近年、各種の自然災害が多発化・激甚化しつつあるなか、防衛省・自衛隊の災害派遣活動に対する国民の期待もこれまで以上に高まる傾向にあります。

「阪神・淡路大震災」「東日本大震災」はもとより、近年の「熊本地震」「西日本豪雨」などにおいて、防衛省・自衛隊の活動は、国民の皆さんからきわめて高い評価をいただいています。世論調査で、信頼している組織や公共機関の中で、「自衛隊」が8回連続でトップを占めていることはその証左でしょう。

他方、われわれはわが国の防衛という最も厳しい任務遂行を基本として、つねに高い即応態勢を保持しつつ、日々これらに必要な部隊の練度とその基盤となる強固な団結・厳正な規律・旺盛な士気の保持に努めているからこそ、災害派遣における使命も十分に果たすことができることを決して忘れてはいけません。

最後になりましたが、あらためて幾多の災害で尊い命を亡くされた方々のご冥福を心からお祈り申し上げるとともに、被害に遭われた皆さまにお見舞い申し上げます。一日も早い被災地の復興を祈念するとともに、活動したすべての自衛隊員に感謝いたします。

「西日本豪雨」災害派遣（3）

海自艦艇の機動力を活かして

呉地方総監（当時）池 太郎

私が呉地方総監として3年目の勤務を迎えた2018（平成30）年7月6日夜のことであった。

西日本地方では、瀬戸内海付近に停滞する梅雨前線に太平洋高気圧の後ろから湿った空気が流れ込み、前線の活動が活発化し発達した帯状のエコー（強雨域）が形成されていた。

この強いエコー域は、翌朝までゆっくりした速度で東進したため、広島県呉市一帯では6日午後から激しい雨が長時間続き、呉地方総監部に設置されている自動記録雨量計で20時台に時間当たりの最大45・5ミリ、翌朝までに250ミリの降水量を記録した。

6日19時45分に呉市防災対策本部が設置されたことから、20時26分に呉地方総監部から連絡幹部を呉市役所に派遣するとともに、呉地方隊隷下部隊に災害派遣準備を下令した。

その後、広島県は陸自第13旅団に対し災害派遣を要請し、一方、呉地方隊は各種情報をもとに6日夜半から呉市東部の安浦地区において自主派遣での情報収集を開始した。

海自基地の設備が給水の効率化に大きく貢献

7日午前4時から6時にかけての85ミリの強い降雨により、呉市阿賀南地区で大規模ながけ崩れが発生し、陸路が遮断された。これに対し、呉地方隊は海からの捜索救助活動を実施するため、水中処分母船（YDT）「04」号により警備犬班（ハンドラー5人および国際救助犬資格を持つ警備犬3頭）と、62人の陸上救難隊を現地に海上輸送し、行方不明者の捜索に従事した。

要救助者1人が発見されたものの、海自医官によって死亡を確認された。また、10日から12日にかけ呉市天応地区へ警備犬班を派遣、警備犬がさらに1人の要救助者を発見したが、この方も残念ながら死亡が確認された。

7日未明に広島市方面から呉市に配水している給水管（安芸郡坂町小屋浦地区）に土砂が流入し使用不能となり、7日午後以降、呉市内は一部地域を除き断水となった。配水が継続できた一部地域は、旧海軍が設置した独自の水道設備によるものであり、呉市役所、海自施設などの防災拠点を中心とした地域であった。

呉地方隊では災害派遣活動として、市民への生活支援（入浴、洗濯、給水）を早急に開始するた

係船掘地区では継続的に給水活動が行なわれ住民の生活を支えた。

め、係船掘《けいせんぼり》地区（呉艦艇基地）、からす小島地区などの海自施設への配水が現状のまま継続されるよう、新原芳明市長に私が直接電話して要望した。

これにより、8日午前から自衛艦隊の協力を受けて、係船掘地区所在艦艇（護衛艦「かが」など6隻）およびからす小島地区の基地内（艦艇乗員待機所）において、入浴、洗濯、給水を開始することが可能となった。これらの支援は、呉市内の大部分の断水が解除となる7月20日まで継続した。

11日以降、係船掘岸壁において全国から集められた陸自の給水車への補給も実施したが、ここでは海自基地の設備が補給の効率化に大きく貢献した。通常は艦艇に給水するために使用している水栓の吐出圧力は強く、5000リットル積載の給水車をたったの約7分で満水にできたことに加え、24時間いつでも給水できたため、真水の輸送ペースを著しく向上させることができた。

ホバークラフト艇で人員輸送

江田島市は、被害を受けた広島市方面からの海底給水管による配水のみに依存しているため、全島が断水状態にあった。7日早朝、私から明岳周作市長に直接連絡をとったところ、市長から、江田島市小用《こよう》の浄水場の水が枯渇し、市内の病院で使用する人工透析用の真水すら供給できない状態であり、浄水場への真水の輸送と江田島市民の生活支援（入浴、洗濯、給水）という切実な要望を確認した。

これに対して、真水輸送については呉警備隊所属の水船（YW）2隻を呉—江田島間で2往復させて実施した。水船には1隻当たり約2万5000リットルの真水を積載できるので、1日当たり約10万リットルを江田島市浄水場に海上輸送した（20日までの総輸送量約110万リットル）。

生活支援については、江田島市には大型艦船が横付けできる岸壁がなく、また江田島市から呉市に至る道路が寸断され不通であり、さらに呉湾内の海面には、豪雨によって流出した多数の瓦礫が漂流し、普通の船舶では運航に支障が予想されたことから、LCAC（輸送艦搭載のエアクッション艇）を使用した。

同艇は海面上を浮上航走できるホバークラフト型で、瓦礫の影響を受けずに航行できるため、江田島—呉間の人員輸送を行なった。LCACを江田島市の対岸にある係船掘岸壁に係留中の輸送艦内に直接収容し、輸送艦内のデッキ上に設置された仮設風呂での入浴や、洗濯、給水支援を開始した。係船掘地区における呉、江田島市民に対する生活支援は7月20日まで継続した（利用者総数は1711人）。

また、呉市の東部に位置する川尻地区では配水ポンプ施設の損壊により断水が呉の市街地よりも長期間に及ぶことが予想されたため、呉地方隊として7月16日から緊急展開型入浴支援セットを設置し、呉市の断水解除後も、当該地区が断水解除となる8月3日まで入浴支援を実施した（利用者総数は3861人）。

「西日本豪雨」災害派遣の教訓と成果

「西日本豪雨」災害派遣を通じて得た教訓には次のような事項がある。

（1）自治体への連絡幹部の派遣

豪雨発生直後に情報収集のため連絡幹部を呉市役所に派遣した。7月10日以降は市の部長級以上の幹部による意思決定会議があったことから、呉地方総監部幕僚長を「災害対策本部会議」に参加させた。これにより、呉市の災害対策活動にさらに深くコミットでき、より効果的な支援活動に資することができた。

（２）海上自衛隊の特性を活かした活動

孤立地域への艦船による真水輸送を実施した。呉地方隊所属の水中処分母船の船内真水タンクには約３万リットルを積載でき、給水ポンプにより陸揚げして給水車への補給も可能であったが、活動当初は、岸壁に給水車を準備できなかったため、多数の真水の入ったポリタンクを海上輸送・陸揚げして岸壁において住民に配布した。離島などの過疎地域は高齢者が多く、20リットル入りポリタンクを運搬することは容易ではない。被災者にとってはそれぞれの自宅など、いわゆる「手元」に物資の配布し受け取るまでが、「救援」であることに留意し、地方自治体、陸自保有の機能（給水車など）との円滑な連携を行ない、任務完遂を追求する必要がある。

気温36度を超える酷暑のなか、呉地方隊、呉所在部隊の隊員は、自らが被災しながらも懸命に市民の心に寄り添う活動を展開した。

市民から「呉に海上自衛隊があり、そして呉市民であって本当によかった」との率直な感謝の気持ちが現場の隊員に伝えられた。このひと言は災害派遣にあたった隊員のみならず、日々洋上で厳しい任務に就いている隊員の心の支えになるものと考える。

私は、部隊と隊員の献身的な活動を呉地方総監として大いに誇りに思うとともに、この災害派遣活動は「愚直さ」の追求により実行できたと確信している。

「北海道胆振東部地震」災害派遣

師団全隊員を誇りに思う日々

第7師団長 陸将 前田忠男

本稿の冒頭にわが愛すべき郷土を突如襲った胆振《いぶり》東部地震により幽冥《ゆうめい》の境を異にされた方々のご冥福とご家族の皆さまにお悔やみを申し上げますとともに、今なお不自由な生活を送っている被災者の皆さまにお見舞いを申し上げます。

機甲師団隊員の底力

第7師団長に着任して1か月ほどの2018（平成30）年9月6日未明、強い揺れに飛び起き、大地震が「ここでもついに来たか」と驚きました。私の住む官舎地区は駐屯地にいちばん近く、1・5キロほどの距離にあります。

地震発生で、すぐさま登庁した私が目にしたのは、即応待機する隊員だけでなく、私の官舎より遠くに住む隊員たちも含めて、部隊が地震発生からわずか14分後には行動を開始した光景でした。

そして、自治体への連絡幹部、陸上・航空偵察要員、真っ先に現場に進出する「ファスト・フォース」が命令とともに整斉と出動していきました。次第に状況が明らかになると、被害の大きかった厚《あつ》真《ま》町一帯への戦力集中を開始しました。

震度6から7の地震の直後に隊員が緊急登庁して、部隊が出動するには、あまりに短い時間でしたが、それを成し遂げたのは「一瞥《いちべつ》克《こっ》く機を制す」師団隊員の底力によるものでした。

機材を自在に操り人命を救助

災害発生当日の深夜、師団長として翌日の行動・活動などの調整を終え、現地指揮を斎藤兼一副師団長に任せた厚真町の人命救助現場に視察に向かいました。

ここでは、地滑りで土砂に埋没した家屋の住民の捜索・救助活動中でした。作業を指揮する中隊長に状況を確認すると、「地上に見える屋根は2階部分です。1階部分は50メートルほど上の斜面から崩れ落ちてきた樹木と土砂の下と推測します。まず土木機械で土砂の表面を取り除き、1階部分が現れたら人力で慎重に救助にあたります」と報告を受けました。

一見しただけでは救助作業が、はかどらない様子でしたが、大規模な土砂崩れの現場で、余震による二次被害も起こりかねないなか、さすがは平素から装備する機材を自在に操るエキスパートたちだと納得し、次の現場に急ぎました。

テレビなどで報じられた警察や消防の隊員を主体とした救助活動は、道路から近いところの土砂で流された2階部分であり、私の部下である隊員たちはテレビカメラが入れない、より困難な現場で作業にあたっていました。この活動には航空自衛隊千歳基地所在の第2航空団の施設部隊のほか、道外から出動してきた救助犬も投入されました。

知られざる「ダム崩壊防止」作戦

災害派遣活動の初動で最優先される人命救助活動は、メディアなどでも注目され、大きく報じられます。人命救助活動が進むなか、あまり報じられることがなかったのですが、陸上自衛隊は、もうひとつ重要な作戦を行ないました。地震による厚真ダムの崩壊を防止するための作業に必要な人員、資機材の空輸と道路啓開です。ここでも部隊・隊員の卓越した技能と使命感を見ることができました。

土砂に押し流された樹木を伐採・除去するため、レンジャーの有資格隊員を多数有する第11普通科連隊が多くの資機材を携行して、第7飛行隊、陸上総隊隷下の第1ヘリコプター団の中型ヘリコプターによる空中輸送でダム近傍に展開し、強い余震が続くなかでダムの崩壊防止の作業を開始しました。

地滑りで土砂に埋もれた家屋の住民を懸命に捜索する。

一方、本州からの施設科部隊の応援で増強された第3施設団はダムにつながる道路の土砂を取り除き、土木機械の通行を可能にしました。国や北海道の関係機関から大いに感謝されましたが、その活動は一歩間違えば作業にあたった隊員の命にかかわる厳しいものでした。

郷土愛あふれる生活支援活動

自治体の要請による人命の捜索救助活動は4日ほどで終え、同時に開始した被災者の皆さんへの給水、給食、入浴などの支援活動を安平《あびら》町、厚真町、鵡川《むかわ》町、日高町などの被害の大きかった地区でさらに強化しました。この活動には北海道内の各師団・旅団の部隊はもちろん、海上自衛隊の艦艇と防衛省がチャーターしている貨客船「はくおう」も投入されました。

もう一つ紹介したいのは、第7音楽隊による避難所などで催したささやかなコンサートです。隊員たちの心のこもった歌や演奏は、被災者の皆さんから盛大な拍手と好評をいただきました。

さらに、この災害派遣では新たな試みもありました。第52普通科連隊に招集された即応予備自衛官のマッサージ技能を有する者が、入浴支援所で利用者の入浴後に、エコノミークラス症候群予防のためにマッサージを行ない、たいへん喜ばれました。

また、地震により要治療患者が増大したのに加え、停電で機能が制限された民間病院へ衛生科隊員を派遣し、診療をサポートしたのも初めての試みでした。

これらの活動の底流にあったのは、歴代の指揮官、隊員が鍛え上げてきた陸上自衛隊唯一の機甲師団である第7師団全隊員の「即応力の高さ」「溢れる郷土愛」、そして任務遂行のための「叡智と自負」でした。彼らを誇りに思う瞬間が連続する毎日でした。

“銃後の守り”があってこそ実力を存分に発揮できる

災害派遣活動の最中、私ども指揮官を驚かせる情報を耳にしました。この地震の直後、これまでに経験しなかった広域にわたる長期停電、すなわちブラックアウトが発生し、このため、夜になると、ある官舎近傍の避難所に自衛官家族が増えるというのです。

自衛官である夫や妻は災害発生と同時に出動し家を空け、官舎は非常用の電力や水の供給設備がないため、残された家族は断水と夜は真っ暗な中で過ごしていました。家族は不安になり、灯りを求めて避難所に集まっていたのです。派遣された隊員たちもさぞ心配だったと思います。自衛隊家族会や隊友会のサポートもあったものの、留守家族へのケアはすみやかに検討されるべき課題です。

現地視察された小野寺五典防衛大臣（当時）や鈴木貴子大臣政務官にもご理解を賜り、今後、部隊としての要望を具体化するつもりです。言い方は大げさですが、やはり〝銃後の守り〟がしっかりなされてこそ隊員たちはその実力を存分に発揮できると改めて認識しました。

大きな地震が頻発している昨今、「地震列島、日本」というフレーズをしばしば見聞きしますが、私は好みません。地震多発地域という地学的な特性のある国土ではありますが、われわれの愛すべき郷土であり、自然災害を恐れるばかりではなく、防災と被害を局限する努力を続けていくことが大切です。

国民の皆さんの安心と安全を守るための施策に関わる方々の努力と、われわれ国防に任ずる自衛隊は万が一に備え日々訓練を積み重ねています。

「北海道胆振東部地震」災害派遣を指揮した第7師団司令部が所在する東千歳駐屯地の正門脇には「我らここに励みて国やすらかなり」と記された標柱《ひょうちゅう》が建っています。部隊、隊員は、あらゆる事態に対応できるよう日夜努力しています。引き続き皆さまのご声援をお願いします。

「北海道胆振東部地震」災害派遣の概要

２０１８年（平成30）年９月６日、北海道胆振地方中東部を震源としてマグニチュード６・７、震源の深さ約37キロ、最大震度７（北海道では初めて）の地震が発生した。被害は、死者41人、負傷者７４９人、住家の全壊４１５棟、半壊１３４６棟、一部被害８６０７棟に及んだ。とくに震源に近い勇払郡厚真町では土砂崩れに巻き込まれた36人が死亡した。また、北海道電力厚真火力発電所で火災が発生したことが原因となって、北海道のほぼ全域で「ブラックアウト」といわれる大規模停電が発生し、道民の生活に多大な影響を与えた。

自衛隊の災害派遣の概要は、派遣期間は９月６日から10月14日までの39日間。被害が甚大であった厚真町、安平町、むかわ町を中心に活動。人員最大約2万５１００人。主要な活動は、人命救助など46人、道路啓開約７・９キロ、給水支援約１１９０トン、入浴支援2万４０９１人、給食支援16万６９６３食などであった。

執筆者略歴（掲載順）

川嶋和之（かわしま・かずゆき）
昭和43年生まれ。福岡県出身。防大35期。第12飛行隊運用訓練幹部、第12ヘリコプター隊航空操縦士、航空学校（霞ヶ浦）操縦教官、航空学校（明野）運航班長、教育支援飛行隊運用訓練幹部、西部方面ヘリコプター隊第2飛行隊運用訓練幹部、第15ヘリコプター隊第1飛行隊長、特別輸送ヘリコプター隊副隊長。

渡邉克彦（わたなべ・かつひこ）
昭和43年生まれ。福井県出身。防大34期。第14後方支援隊第1整備中隊長、西部方面総監部装備部、第15後方支援隊、東部方面後方支援隊富士教育直接支援大隊長、第101不発弾処理隊長、東部方面後方支援隊第3科長。

市川菊代（いちかわ・きくよ）
昭和24年生まれ。神奈川県出身。防大17期。第12施設大隊第3係主任、自衛隊岩手地方連絡部長、陸幕装備部施設課長、防衛大学校教授（統率戦史教育室長）、第1施設団長、北海道補給処長。平成18年退官。

野中光男（のなか・みつお）
昭和19年年生まれ。佐賀県出身。防大12期。第4特科群長、陸幕人事部補任課長、中方総監部幕僚副長、東部方面総監部幕僚長、第4師団長、情報本部長、東北方面総監、平成14年12月退官。

加藤武彦（かとう・たけひこ）
昭和13年生まれ。神奈川県出身。防大6期。海幕防衛部教育第1課長、第4護衛隊群司令、練習艦隊司令官、海幕装備部長、海上自衛隊幹部学校長、呉地方総監、平成8年退官。

松島悠佐（まつしま・ゆうすけ）
昭和14年生まれ。福岡県出身。防大5期。西ドイツ駐在武官、陸幕防衛部長、第8師団長、中部方面総監、平成7年6月退官。

福山 隆（ふくやま・たかし）
昭和22年生まれ。長崎県出身。防大14期。韓国防衛駐在官、第32普通科連隊長、第11師団副師団長、富士教導団長、九州補給処長、西部方面総監部幕僚長、平成17年3月退官。

中村勝美（なかむら・かつみ）
宮崎県出身。防大26期。中部方面総監部装備部化学幹部、陸幕装備部武器・化学課化学室補給担当、第10化学防護隊長、北海道補給処化学課長、関東補給処化学部長、研究本部特殊武器研究室長、平成26年7月定年退官。

宗像久男（むなかた・ひさお）
昭和26年生まれ。福島県出身。防大18期。陸幕広報室長、北部方面総監部幕僚副長、第1高射特科団長、陸幕防衛部長、第6師団長、陸上幕僚副長、東北方面総監。平成21年7月退官。

冨井 稔（とみい・みのる）
昭和32年生まれ。香川県出身。防大25期。東部方面総監部防衛課長、第5施設群長兼高田駐屯地司令、陸上自衛隊幹部学校主任教官、自衛隊宮城地方協力本部長、東北方面総監部防衛部長、第5施設団長兼小郡駐屯地司令、施設学校長兼勝田駐屯地司令、平成26年12月退官。

久納雄二（くのう・ゆうじ）
昭和29年生まれ。防大22期。第2戦車連隊長、統合幕僚会議事務局統合運用計画官、第7師団副師団長兼東千歳駐屯地司令、陸上幕僚監部監理部長、西部方面総監部幕僚長兼健軍駐屯地司令、第6師団長、陸上幕僚副長、平成24年7月退官。

田浦正人（たうら・まさと）
昭和36年生まれ。防大28期。イラク復興業務支援隊長、第72戦車連隊長、陸幕運用支援課長、中央即応集団副司令官、福島原発対処現地調整所長、陸上自衛隊幹部候補生学校長、北部方面総監部幕僚長、第7師団長、北部方面総監。

渡邊至之（わたなべ・よしゆき）
昭和28年生まれ。防大20期。第2航空団基地業務群司令、米国防衛駐在官、飛行開発実験団司令、南西航空混成団副司令、中部航空方面隊司令官、平成23年4月退官。

福本 出（ふくもと・いづる）
昭和32年生まれ。防大23期。鹿児島地方協力本部長、掃海隊群司令部幕僚長、呉地方総監部幕僚長、海上自衛隊幹部学校副校長、掃海隊群司令、海上自衛隊幹部学校長、平成26年8月退官。

小松宏行（こまつ・ひろゆき）
昭和29年生まれ。宮城県出身。防大21期。幹部学校研究部研究員、東北方面総監部訓練課長、第20普通科連隊長、研究本部総合研究部第3課長、第2混成団副団長、第14旅団副旅団長、幹部候補生学校副校長、平成21年12月退官。

森﨑善久（もりさき・よしひさ）
昭和34年生まれ。広島県出身。防医大5期。第7師団司令部医務官、自衛隊札幌病院第1外科部長、同第2外科部長、衛生学校教官、陸上幕僚監部医務・保健班長、東北方面衛生隊長、自衛隊仙台病院長、自衛隊阪神病院長、自衛隊中央病院副院長、平成29年8月退官。

林　一也（はやし・かずや）
昭和28年生まれ。愛知県出身。防大21期。米国防衛駐在官、東北方面通信群長、陸幕研究課長、東方総監部幕僚副長、陸幕調査部長、同運用支援・情報部長、防衛研究所副所長、統幕運用部長、第9師団長、統合幕僚学校長、平成24年7月退官。

橋爪良友（はしずめ・よしとも）
昭和42年生まれ。群馬県出身。防大34期。第4師団司令部第3部長、陸幕業務計画班長、第21普通科連隊長、陸幕防衛課長、中部方面総監部幕僚副長、中央即応集団副司令官、陸上総隊司令部運用部長。

時藤和夫（ときとう・かずお）
昭和36年生まれ。山口県出身。防大29期。昭和60年空自入隊、第5高射群第19高射隊長、空幕情報通信課計画班長、空幕服務室長、第4航空団基地業務群司令、空幕情報通信課長、統幕指揮通信システム部長、第4航空団司令兼松島基地司令、北部航空方面隊副司令官、平成30年8月退官。

加藤憲司（かとう・けんじ）
昭和46年生まれ。95期一般大。宮城県出身。東北方面ヘリコプター隊、第1ヘリコプター隊、自衛隊体育学校、陸上幕僚監部人事部、第104飛行隊長、第1ヘリコプター団本部、第5飛行隊長、第5旅団司令部第1部長、東北方面総監部広報室長。

厚ケ瀬義人（あつがせ・よしと）
昭和34年生まれ。海上自衛隊横須賀教育隊第180期練習員。海洋観測艦あかし、護衛艦によど、練習艦かとり、護衛艦たかつき、輸送艦あつみ、護衛艦はまぎり、護衛艦よしの運用員として勤務し、平成21年3月から横須賀港務隊で大型曳船船長。平成25年3月退官。

中畑昌之（なかはた・まさゆき）
昭和47年生まれ。海上自衛隊航空学生43期。海上自衛隊の飛行艇操縦士として勤務。第71航空隊飛行隊員、兵庫地方協力本部淡路島駐在員事務所長、第31航空群司令部幕僚。

磯部晃一（いそべ・こういち）
昭和33年生まれ。徳島県出身。防大24期。第9飛行隊長、陸幕演習班長、陸幕防衛課長、東部方面総監部幕僚副長、中央即応集団副司令官、統合幕僚監部防衛計画部長、第7師団長、統合幕僚副長、東部方面総監。平成27年8月退官。

山本雅治（やまもと・まさはる）
昭和34年生まれ。広島県出身。防大27期。第8師団司令部第3部長、中央即応連隊長、ＰＫＯハイチ派遣国際救援隊長（1次隊）、幹部候補生学校教育部長、第13旅団司令部幕僚長、平成27年4月退官。

後藤 孝（ごとう・たかし）
昭和36年生まれ。東京都出身。防大28期。幹部候補生学校戦術教官、第4師団司令部第4部長、西部方面総監部総務課長、第13普通科連隊長兼松本駐屯地司令、自衛隊長野地方協力本部長、平成29年6月退官。

武隈康一（たけくま・こういち）
昭和42年生まれ。長崎県出身。防大36期。第4施設大隊長、防衛研究所一般課程、研究本部研究員、西部方面総監部防衛部防衛課長、第4施設群長、統合幕僚監部参事官付計画調整官、教育研究本部主任教官。

有浦 隆（ありうら・たかし）
昭和33年生まれ。福岡県出身。防大25期。第19普通科連隊第3科長、情報本部、西部方面総監部予備自衛官班長、湯布院駐屯地業務隊長、第101後方支援隊副隊長、西部方面総監部厚生課長、第47普通科連隊長、平成26年2月退官。

岸川公彦（きしかわ・きみひこ）
昭和36年生まれ。兵庫県出身。防大28期。米陸軍戦略大学、陸幕装備部後方計画班長、第6施設群長、陸幕広報室長、西部方面総監部幕僚副長、第1施設団長、陸上自衛隊研究本部総合研究部長、第14旅団長、第8師団長、防衛大学校幹事、中部方面総監。

小川清史（おがわ・きよし）
昭和35年生まれ。徳島県出身。防大26期。第8普通科連隊長、陸幕業務計画班長、同教育訓練課長、航空学校副校長、研究本部総合研究部長、東京地方協力本部長、陸幕装備部長、第6師団長、幹部学校長、西部方面総監、平成29年8月退官。

赤松雅文（あかまつ・まさふみ）
昭和34年生まれ。兵庫県出身。防大26期。第9施設群長、陸幕厚生課長、東部方面総監部人事部長、第5施設団長、施設学校長、東北方面総監部幕僚長、第12旅団長、第4師団長、平成28年7月退官。

稲田裕一（いなだ・ゆういち）
昭和41年生まれ。北海道函館市出身。防大34期。特殊作戦群教育隊長、中央即応集団司令部防衛部、ネパール国際平和協力隊、研究本部、西部方面総監部後方計画班長、第9師団司令部第4部長、第24普通科連隊長、第12旅団司令部幕僚長。

和田竜一（わだ・りゅういち）
昭和42年生まれ。鹿児島県出身。防大34期。平成2年航空自衛隊入隊、第5航空団会計隊長、空幕会計課、航空支援集団会計課長、空幕経理班長、第5航空団基地業務群司令、空幕給与室長。

熊坂弘樹（くまさか・ひろき）

昭和46年生まれ。福島県出身。平成2年入隊、第2航空団201飛行隊、航空救難団救難教育隊、航空救難団飛行群新潟救難隊救難員、航空救難団救難教育隊教官、航空救難団飛行群那覇救難隊救難員、統合幕僚監部総務部総務課庶務室最先任付、航空救難団飛行群松島救難隊救難員。

鈴木直栄（すずき・なおえい）

昭和38年生まれ。新潟県出身。防大30期生。統幕運用部訓練班長、第4特科群長兼上富良野駐屯地司令、陸幕監理部総務課長、北部方面総監部人事部長、中部方面総監部幕僚（防衛）副長、陸幕監察官、第13旅団長、防衛研究所副所長。

池 太郎（いけ・たろう）

昭和35年生まれ。海上自衛隊第34期一般幹部候補生。固定翼航空機操縦士として勤務。第1航空群司令、海上自衛隊幹部候補生学校長、教育航空集団司令官、呉地方総監、平成30年12月退官。

前田忠男（まえだ・ただお）

昭和39年生まれ。千葉県出身。防大31期。米陸軍戦略大学、統幕運用第1課防衛警備班長、第12普通科連隊長、陸幕装備計画課長、第1空挺団長、陸上自衛隊幹部候補生学校長、研究本部総合研究部長、陸幕防衛部長、第7師団長。

「あとがき」にかえて

なぜ自衛隊は頑張れるのか

桜林美佐（防衛問題研究家）

いま求められる地域社会の「自助共助」

敗戦によって、GHQは戦前戦中を通じて日本にあったさまざまな組織を解体しましたが、その中のひとつに「警防団」（昭和14年創設、空襲や災害から市民を守るのを目的とした警察、消防の補助組織）があります。一方的に戦争協力機関と決めつけられたようです。その後、昭和22年に防災体制強化のため消防団令が発布され、警防団は消防団として生まれ変わり、現在に至っています。

同様に「隣組《となりぐみ》」（昭和15年創設、国民統制のために全国に設けられた町内会などの末端組織）も目を付けられ、各地の「隣組」も解散させられました。「隣組の歌」も有名ですが、ご存知ない方は、以前テレビで放映されていたバラエティー番組「ドリフの大爆笑」のテーマソングを思い出していただければすぐにわかるメロディーです（それもすでに古いかもしれませんが）。

とんとん　とんからり　隣組
地震やかみなり　火事どろぼう
互いに役立つ　用心棒
助けられたり　助けたり

この歌詞にあるように、かつての日本には「助け合い」の仕組みができていました。これらに占領軍が警戒心を持ったことは、翻れば、日本独特の民間防衛・防災組織は国防上、この基盤をなすものと考えられたわけです。自助共助の精神が根付いている国民は手ごわいし、再び日本人を敵に回すことを恐れたということでしょう。

いま、多くの専門家が指摘するのは、災害などの被害を小さくするために、住民の自発的な組織によって地域の防災力を高める必要性です。

「隣組」という名称は現在、むしろ戦争中の思想統制や相互監視を想起させる忌まわしい記憶のごとく取り扱われますが、日本人は自らをそのような自虐的な思考から解放し、かつては広く普及していた「助け合い」の仕組みを作っていくことが求められています。

しかし、現状は自衛隊への依存傾向が大きくなっているように見えます。

阪神・淡路大震災では、自衛隊への災害派遣要請を躊躇したため、一刻も早く救助に向かおうとした自衛隊は悔しい思いをしましたが、それも過去のこととなりつつあり、災害派遣のハードルはずいぶん下がっています。

国民の自衛隊に寄せる信頼が大きくなり、その多くが災害時の活動についての期待となっています。しかしながら、単に自衛隊頼みの人が増えただけでは国の防災力が高まるはずはなく、自衛隊が活躍すればするほど「自衛隊がやってくれる」という空気にならないか、私は心配しています。

たとえば遠方から被災地に駆けつけた部隊・隊員は、その土地に初めて足を踏み入れるような状態でしょうし、そこで暮らす人々のことも知りません。

そんな時に、あの家には寝たきりのおばあちゃんがいるとか、介護が必要な人がいるなどといった情報を持つ地域に根差した消防団や隣近所のコミュニティーのような存在が必要です。それが機能している上で、自衛隊をいかに効果的に活動してもらうかを考えていかねばなりません。

本書に収録された自衛官の経験談を通して当時を振り返るだけでなく、国民の皆さんが改めて自衛隊の役割を理解することが、いま、喫緊《きっきん》の課題だと思います。

なぜ自衛隊はあんなにがんばれるのか?

「自衛隊の訓練」といえば、騒音が迷惑であったり、事故が心配などで、多くの人々が「近くでやって欲しくない」といったイメージを抱きがちですが、誤解しないで欲しいのは、自衛隊の災害派遣での活躍は日頃、国土防衛のための訓練を積み重ねているからであり、災害派遣のための訓練をしているからではないということです。

何日もまともに寝られない、満足に食事もできない、風呂も入れないといった状況下で長期間にわたり活動できるのは、自衛隊だけです。

その理由は、警察や消防と違い、自衛隊だけが戦争という最も厳しい事態に備えた、わが国唯一の組織であるからであり、このあたりを「自衛隊を災害派遣専門に」という人々は理解してもらわなくてはなりません。すべては日頃の訓練の成果なのです。

最近、気づくのは、自衛官の皆さんと話すと、陸上自衛隊においてはほとんどの方が何らかの災害派遣に関係したことがあるということです。そして特別にその苦労を語る人はいません。

「たいへんだったこと？　そうですね〜、3週間は風呂に入れなかったので、においですかね…」

「1か月野営しましたが、下着の替えがなかったので男性隊員が持っていたパンツをもらって履きました！」

など、あっけらかんとしています。派遣中に3〜4キロ痩せたなんてざらのようですが、辛そうな顔をしません。

活動中の隊員たちは着の身着のままで小さな天幕で起居《ききょ》し、温かい食事やお風呂を被災者に提供しますが、自分たちは携帯糧食を食べ、しかもトイレに行きたくなるのを避けるために昼間は飲み食いを我慢したという話も聞きます。

2か月近く携帯糧食ばかりでビタミン不足から口内炎に苦しんだ、風呂に入れるとしたら被災者が利用後の残り湯ですます……等々、ＳＮＳなどでそのあたりの実情を見聞きした人から「自衛隊が可哀想」という声が出るのは当然でしょう。

しかし、自衛隊とはこういうものなのだと隊員たちは言います。むしろ、自衛隊がふだんから国を守るため、国民のために、そのような厳しい環境下でも活動できるよう訓練していることを知ってもらい、その存在意義を理解してもらうほうが同情の言葉よりもありがたいのではないかと思います。とことん鍛えているから、自分たちが苦しい状況でも人に優しくなれるのです。

ふだんの訓練のほうがよっぽどきつい。しかも訓練では住民に感謝されるどころかむしろ迷惑がられることさえ少なくありません。訓練や演習は国民のためにほかなりませんが、それを理解する人は決して多くなく、それに比べて、直接「ありがとう」を言ってもらえる災害時の活動は「誰かのために」という思いを新たにできる、自衛隊にとって大きな経験の場となっていることもまた事実なのです。

災害派遣専門組織は必要なのか？

自衛隊と災害派遣の関係について、とくに陸上自衛隊はその実任務の多くを災害派遣が占めていることから、「本来、災害対処は警察や消防の役割であり、自衛隊が国防の任務にその資源をもっと投じるためには、陸自を自衛隊ではない別の災害対処専門組織にするべきではないか」といった意見も聞かれますが、そうではなく、私は陸自が中心になって担うことに意味があると思っています。有事の際の国民保護を見据えればきわめて重要な意味を持つのではないでしょうか。

現場では陸自だけでなく、海空自衛隊の力も不可欠です。現にいまは陸海空の「統合運用」として多くの災害派遣が実施され、この場合、所掌《しょしょう》も統合幕僚監部になっているので、わざわざ陸上での活動組織を切り離す必要はないでしょう。

任務を切り離す発想が出るのは、防衛省・自衛隊の予算が限られていて、増加しているとはいえ、依然として小さいパイを奪い合っている状態が続いていることが原因と考えられます。

空自のスクランブルが冷戦後最多となったり、海自の警戒監視活動が多忙を極めるなか、国防任務にもっと人やお金を振り向けなければならないのは当然です。それならば、奪い合いではなく防衛予算全体を拡大させる方向に意識を転換するほうが、無理筋のように見えて、実は近道であり王道なのではないかと思います。

隊員が「後顧に憂いなき」環境整備が課題

隊員たちの涙ぐましい奮闘を讃《たた》えながらも、自衛隊が何もかも不足するなかで活動することが単に美談として語られるべきではないとも思います。精神論優位だった先の大戦では兵站の軽視でどれほどの将兵が苦しみ、力尽きたか、その反省をすることが現代を生きる私たちの義務ではないでしょうか。

「すべては被災者のために」の思想は大事だと思いますが、後方支援体制を充実させることに遠慮すべきではなく、欧米なみに合理性というマインドも醸成《じょうせい》する必要があるでしょう。

その観点で、毎回、災害派遣の時に気になるのは「〇万人体制」という言葉が躍ることです。人員は多く出せばいいというものではなく、状況に応じるべきであることは言うまでもありません。政治的な要望はつねに人員を増やしたがりますが、適切な規模で行なわなければ、せっかくの部隊派遣もかえって機能しなくなってしまいます。

「数ありき」での災害派遣になると、部隊を投入してもすでにほかの部隊が活動中で、行くべき所がないということも少なからずあるのです。

もちろん、被災地では多くの隊員の姿を見ることが安心感につながるということで、そうした心理的な効果からすれば無意味ではありませんが、それを理解してもやはり「数ありき」「数先行」は避けるべきだと感じています。

また、災害派遣中の後方支援体制が、これだけ派遣を積み重ねているわりには画期的な改善が図られていないように見えるのは私だけでしょうか。毎回「想定外」があるとはいえ、もうひとつの要因は、自衛隊の活動が高く評価された、感謝されたという「よい話」が先行して、教訓が残されていないということも想像できます。

自衛隊はこれまで卑屈ともとれる姿勢で災害派遣活動に臨んできました。しかし、それは本書を読んでいただければわかるように、戦闘服を着て活動することすらやめて欲しいと言われた経験に基づくものでした。その苦い記憶から、被災者の見える所で食事をとらない、トイレに行くのを見られないために我慢して、どうしてもの時はビニール袋に隠れてするなどの行動になったのです。

しかし、毎年のように日本のどこかで起きている災害に対処するためには、隊員たちが任務に専念しやすい環境整備を躊躇してはならないでしょう。

東日本大震災の時、派遣された自衛隊員と残された家族が1週間以上も連絡がとれないということがあったようです。これらの経験から、現在、自衛隊家族会や隊友会が安否確認などの家族支援に意欲的に協力し、派遣隊員たちが任務達成に集中できるような環境づくりを推進していると聞いています。

しかし、夫婦ともに自衛官で小さな子供がいる場合、駐屯地などに託児所を開設してはいますが、実際にそこで子供たちの面倒をみるのは入りたての若い男性隊員しかおらずオロオロするばかりだったとか、子供に与える食べ物がない、また子供を預かってもらえるのは自衛官だけで、事務官の場合はその対象ではないなど、子供を持つ多くの関係者が口を揃えるのは「後顧に憂いが残りまくり！」

だということです。これではいけません。ただでさえ、幼い子を残して任務に赴くのは辛いものです。

また、女性自衛官の配置が拡大するなかで、信頼できる支援体制がないのは「女性の活躍」の看板が泣くというものです。そもそも女性の活躍推進は、痒いところに手が届くような環境整備と表裏一体で、そこに資源投資する覚悟がなければ単なるキャッチフレーズに過ぎません。「やるやる」はいいですが、自衛隊の財政状況でどの程度までこの推進が許されるのか、とても気になります。

ちなみに東日本大震災の際に、政策補佐官として東北方面総監部に勤務していた防衛省の須藤彰さんは避難所をくまなく見て「女性隊員の視点は不可欠」とリポートされています。

「子供や奥さんが満足してくれれば父親は安心、子供や奥さんが困っているとイライラする」と述べています。避難所生活ではいかに子供と女性に目を配るかが全体の安心につながるという点で、活動する女性隊員たちの心配を少しでも減らす努力はやはりなされるべきでしょう。

いずれにしても、自衛官が貧弱な後方支援態勢のまま災害派遣に従事しているなかで、彼らの奮闘を美談として残すだけでは能力向上は期待できません。教訓として引き継がれなければならないと感じます。

自治体が主体。自衛隊は支援

自衛隊の災害派遣は、自治体の長などからの要請を受けて行なわれ、災害対応の主体である自治体組織を「支援」するというスタンスになります。

ただ、自治体は被災者でもあり、しっかりしたくてもできない状況になっているのも現実です。こうした時に、茫然自失になっている自治体を励まし、勇気づける役割もまた自衛隊が担っていると言って過言ではないでしょう。

自衛隊は勝手な行動はできないが、「提案」ならできる、時には保身を捨て、自治体の偉い人を叱咤することも必要でしょう。自衛隊にどんな要請をしたらいいか、自衛隊側から自治体に促すことは表には出ませんが、その場の自衛官の腕の見せどころなのです。立場は受け身ながら、戸惑う自治体の担当者をぐいぐい引っ張っていく積極性も、実は求められているのです。

自衛隊がエンジンをかけて、復興の目途《めど》が立ち始めたら、今度はすみやかに撤収するべきなのですが、その引き際が難しくなっています。

一例では瓦礫の除去など、本来は民間業者の仕事とされることをいつまでも続けていると「自衛隊が民業を圧迫している」などという誹《そし》りを受けかねないのですが、昨今はその民間業者の入札が不調になることもしばしばあり、自衛隊が瓦礫除去を長く続けるケースも出てきています。自衛隊ならばお金も払う必要がありませんし、頼みやすいため、その傾向が多くなってしまうのではないでしょうか。

自治体としては予算がつく確信がないと動きが鈍くなりがちです。緊急的に予算がついても、それが執行されるまでは時間がかかるため、民間業者への発注もそれに応じて遅れがちになる。そのため自衛隊の活動は延びてしまうのです。

お金という観点から災害派遣を見ると、自衛隊側も実際はあとで予算がつくことになりますが、「持ち出し」になる部分も少なからずあるようです。また、本当にあとで手当てされるのか、このまま経費の立て替えがかさむとあとでたいへんな事態になってしまうのではないか、と不安になっている現場の話も聞きますので、緊急性を要する事態と、混沌とした状況の災害派遣の渦中で、そのような心配をしなくてすむようにしてもらいたいものです。

ところで、自衛隊はあくまで「支援」という話をすると、こんな反論をされたことがありました。「支援なんてケチなこと言わないでよ。自衛隊は国民を守るのが仕事なんでしょう？　主体的に動いて欲しいね」と。しかし、自衛隊の位置づけを知る人は、この言葉がいかに自衛官にとって酷か、痛いほどわかります。自衛隊には自分たちが率先して決めて動く権限はないのですから。

それどころか被災地でご遺体を搬送したら、警察から「検視前に動かすと公務執行妨害になる」と言われたり、瓦礫の除去も私有財産を勝手に処分することが許されるのかという問題がつねにつきまといます。

自治体が自衛隊のできることを把握し、自衛隊に何をしてもらうか明確にしてもらうことが肝要です。そしてそのためには平素の訓練が重要になってくるのです。

この「訓練」というのは、ヘルメットをかぶって行なう避難訓練の類いではなく、意思伝達をどのようにするのか、必要経費をどの予算から捻出するのか、許認可などをいかに処理するか、法的根拠はいかにするか……など、あらゆる必要となる手続きの図上演習を繰り返し行ない、それも計画を作成して終わるのではなく、逐次更新されるべきでしょう。

そのために、こうした〝テーブル・トップ・エクササイズ〟の経験豊富な元自衛官が、県や市町村の防災監などにさらに採用されることを期待したいところです。

ただ、首長に直接に意見具申できる地位でないとその存在の意味は薄く、まして平素は週1日しか出勤しないなどでは役割もわからないと思いますので、この制度も含めた自治体の大幅な意識改革は求められます。そうでないと、自衛隊としてもよい人材を出せないという悪循環になってしまうからです。

災害派遣の三原則は何だったのか？

自衛隊が災害派遣されるには「緊急性」「公共性」「非代替性」の三原則があることを、これまで機会があるたびに説明してきましたが、最近はこの三原則を知ってもらうことに無力感があります。

あえて本書では紹介していませんが、自衛隊は鳥インフルエンザ、最近では豚《とん》コレラの防疫や山林火災、豪雪、そして新潟県糸魚川市大火（２０１６年）でも出動し、また、山菜採りに出かけたまま連絡がとれなくなった人の捜索までもしばしば出ています。

三原則は形骸化していると言っていいのではないでしょうか。そもそも、この三原則とはどこの法律に明記されているのか、明確な法的根拠はないようです。それゆえに周知されていない気がします。

前例を積み重ねているから自治体はそれにならって自衛隊を頼るのであり、自衛隊の活動における権限（「支援」だから三原則に則った）を確立するか、あるいはそれをしないならケース・バイ・ケースの対応はあるとはいえ、派遣要件の確たる根拠を定めたほうがいいのではないでしょうか。

要請の是非については航空機による患者輸送に関しても考えさせられるところがあります。島嶼部を抱える沖縄県や長崎県、鹿児島県、広大な北海道などでは急患輸送に自衛隊が出動することが頻繁にあります。これは、都道府県知事の要請により「災害派遣」という形で行なわれています。

自衛隊への急患輸送要請は、１年あたり平均で約４００件にのぼり、実に１日に１件以上、日本のどこかで自衛隊が急患輸送を行なっていることになります。

２０１７（平成）29年5月、北海道で急患輸送に出動した陸上自衛隊の連絡偵察機ＬＲ‐２が墜落し4人の乗員が殉職しました。この時も、函館空港で患者を収容するため、北海道知事から緊急空輸の災害派遣要請があったといいます。

当然、ここにも災害派遣の「三原則」は適用されているはずで、消防などが対応できない場合に自衛隊が出るようになっています。ドクターヘリや消防防災ヘリなどが出動できない状況であったことから陸上自衛隊が出動しています。当日の現地周辺は雨やもやなどの影響による悪天候でした。もちろん、出動の最終決心は自衛隊がしますが、自衛隊が断ってしまえばあとがないことから、自衛官には「最後の頼みの綱」として任務を遂行しようとする思いが強いことは確かです。

LR‐2は陸自が装備する唯一の固定翼機で、同機はそもそも連絡・偵察を目的に運用され、ヘリではできない任務を補完するための航空機で、急患輸送用に導入されたものではありません。それがいつの間にか、急患輸送で重宝されるようになっていたようです。困った時に来てくれたという前例が、ますますその期待を高めることになっていたのでしょう。

隊員たちもまた「国民のために」「誰かの助けになるのなら」という一途《いちず》な思いで懸命に任務にあたっていたのだと思います。そして、これが国民と自衛隊の距離を近くすることにも一役買っていたことも事実です。

災害派遣の三原則について、これまで「これは要件のいずれにも該当しなかったのではないか」などと再検証したという話は聞いたことがありませんが、LR‐2墜落事故の事案では結局、患者は陸路で函館から札幌の病院に搬送されたということで、悪天候下の空輸が必要だったのかどうか、いま考えると疑問の余地がなくはありません。

いずれにせよ、自衛官たちにとって急患輸送を含めた災害派遣は「もう一つの顔」ですが、「国民の役に立ちたい」という純粋な思いで全力を尽くしています。それだけに自治体首長による災害派遣要請は重いのです。そのことを、あらゆる自治体の長に深く認識してもらいたいと改めて感じています。

自衛官の大胆なクリエイティブ性に期待

災害派遣において自衛隊の気配りには感心させられることが多くあります。たとえば給食支援にしても、限られた食材ながらメニューを工夫したり、年配者には味を薄めにするとか、真夏の入浴支援ではせっかく体をきれいにしても脱衣所で汗だくになってしまうことに気づきスポットクーラーを置くなど、被災者の目線に立った活動は高く評価されています。ただ、自衛隊のこうした発想と実践はあくまで謙虚で控えめなスタンスであって、与えられた条件や予算の中で身を削って実現しようとするものが多いのです。

これからも必ず起こるであろう大規模災害に備えるためには、さまざまな制約が課されたままでは、効果的な訓練や準備は実現できないでしょう。

かつて2008年に東北地方で実施された震災対処演習「みちのくアラート2008」は、東北方面隊が主導的に計画して実現したものですが、東北方面隊の全部隊、他方面隊からの部隊、海・空自衛隊に加えて、24の自治体、防災関係35機関ならびに一般市民を含めた約1万8千人が参加した、それまでにない規模の訓練となりました。

2日間に及ぶ訓練は、まず発生時刻を事前に告知せず、非常呼集を発令するところから始めたということでした。3年後の東日本大震災では、実際、この訓練を経験していてよかったと言う自衛官が多くいました。

のちに当時の東北方面総監宗像久男氏に話を聞くと、この時の訓練には約1億円の経費を要したということで、なかでも自衛隊の大型車両が移動するための高速道路通行料金には多額の費用がかかったそうです。訓練における交通費免除が望まれますが、これだけの訓練を計画、実行するには勇気が必要だったのではないかと想像します。

「軍事はアート」という言葉を聞いたことがありますが、真っ白なキャンバスに斬新な構想を描くクリエイティビティがあって、さらに予算措置をクリアできれば、素晴らしい結果を残すことができるでしょう。大胆な発想と実行力がある人材が活躍できる自衛隊であることを祈りたいと思います。

おわりに

自衛隊はかねて、「感謝される時は国民が困っている時」だから「自衛隊がいてよかった」と感謝されるのは決してよいことではないと、謙虚な姿勢を貫いてきました。

しかし、数々の災害現場で被災した人々から「気持ちが沈んでいたところ、隊員の活動を見て元気が出た」という言葉を聞き、「いてよかった」と素直に言っていいのだと確信しています。

それだけに「自衛隊は期待に応えてくれなかった」と言われるのを見たくはありません。そのためには自衛隊の本来の役割について、すべての国民が再認識しなければならないと強く感じています。本書がその一助となることを望んでやみません。

最後に、このようなリアルな手記を回想録として残していただいた執筆者の皆さま、それらを連載していただいた自衛隊家族会の防衛情報紙『おやばと』編集部、資料や写真の提供、校正などに協力いただいた自衛隊家族会事務局の皆さま、そして並木書房編集部に心より敬意を表し、感謝申し上げます。

桜林美佐（さくらばやし・みさ）
防衛問題研究家。1970年生まれ。日本大学芸術学部放送学科卒。TV番組制作などを経て防衛・安全保障問題を研究・執筆。2013年防衛研究所特別課程修了。防衛省「防衛生産・技術基盤研究会」、内閣府「災害時多目的船に関する検討会」委員、防衛省「防衛問題を語る懇談会」メンバー等歴任。安全保障懇話会理事。国家基本問題研究所客員研究員。著書に『奇跡の船「宗谷」』『海をひらく－知られざる掃海部隊』『誰も語らなかった防衛産業』『自衛隊と防衛産業』（以上、並木書房）、『日本に自衛隊がいてよかった』（産経新聞出版）、『自衛隊の経済学』（イーストプレス）、『自衛官の心意気』（PHP研究所）、『自衛隊の実像～自衛官24万人の覚悟を問う』（テーミス）他

公益社団法人 自衛隊家族会
「自衛隊員の心の支えになりたい」との親心から自然発生的に結成された「全国自衛隊父兄会」が1976（昭和51）年「社団法人」、2012（平成24）年に「公益社団法人」として認可され、2016年に「公益社団法人自衛隊家族会」と名称変更。現在、約7万5千人の会員が国民の防衛意識の高揚、自衛隊員の激励、家族支援などの活動を全国各地で活発に実施中。防衛情報紙『おやばと』を毎月発行、総合募集情報誌『ディフェンス ワールド』を年1回発行。

自衛官が語る
災害派遣の記録
—被災者に寄り添う支援—

2019年4月1日　印刷
2019年4月15日　発行

監　修　桜林美佐
編　者　自衛隊家族会
発行者　奈須田若仁
発行所　並木書房
〒170-0002東京都豊島区巣鴨2-4-2-501
電話(03)6903-4366　fax(03)6903-4368
http://www.namiki-shobo.co.jp
印刷製本　モリモト印刷
ISBN978-4-89063-384-5